*Sobre a Natureza*
*e o*
*Meio Ambiente*

J. Krishnamurti

# *Sobre a Natureza e o Meio Ambiente*

*Tradução*
ZILDA HUTCHINSON SCHILD SILVA

EDITORA CULTRIX
SÃO PAULO

Título do original:
*On Nature and the Environment*


Krishnamurti Foundation Trust, Ltd.
Brockwood Park
Bramdean, Hampshire SO24 0LQ
England.

Instituição Cultural Krishnamurti
Rua dos Andradas, 29 – Sala 1007
20051-000 – RJ – Centro
Brasil
Telefone: (021) 232-2646

| Edição | Ano |
|---|---|
| 1-2-3-4-5-6-7-8-9 | 97-98-99-00 |



*Impresso em nossas oficinas gráficas.*

*Se vocês perderem contato com a natureza, perderão o contato com a humanidade. Se não houver relacionamento com a natureza, vocês se tornarão assassinos; então, matarão filhotes de foca, baleias, golfinhos e homens, quer pelo lucro, quer por "esporte", para obter alimento, ou para ampliar seus conhecimentos. Então, a natureza fica com medo de vocês, e perde a beleza. Vocês podem dar longas caminhadas nos bosques, ou acampar em lugares adoráveis, mas são matadores e, portanto, perderam a amizade da natureza. Provavelmente não se relacionam com coisa nenhuma, nem com suas esposas nem com seus maridos.*

Diário de Krishnamurti, *4 de abril de 1975*

# Sumário

# Prefácio

Jiddu Krishnamurti nasceu na Índia em 1895 e, aos treze anos de idade, foi aceito pela Sociedade Teosófica, que o considerou talhado para o papel de "mestre do mundo", cujo advento vinha anunciando. Em pouco tempo Krishnamurti despontaria como mestre vigoroso, independente e original, cujas palestras e escritos não se ligavam a nenhuma religião específica nem eram próprias do Ocidente ou do Oriente, mas de todo o mundo. Repudiando com firmeza a imagem messiânica, em 1929 ele dissolveu dramaticamente a ampla organização monista que se constituía à sua volta e declarou ser a verdade um "território inexplorado", do qual não era possível aproximar-se através de nenhuma religião formal, filosofia ou seita.

Pelo resto de sua vida, Krishnamurti rejeitou com vigor a condição de guru que lhe tentavam impingir. Ele continuou a reunir grandes multidões em todo o mundo, mas não se atribuía nenhuma autoridade, não queria ter discípulos e falava sempre como um indivíduo dirigindo-se a outro. No âmago de seus ensinamentos encontrava-se a constatação de que mudanças fundamentais na sociedade só podem ser conseguidas através da transformação da consciência individual. Krishnamurti acentuava constantemente a necessidade do autoconhecimento e da compreensão das influências restritivas e separatistas das religiões, bem como das condicionantes da nacionalidade. Krishnamurti apontava sempre para a urgente necessidade de se manter o espírito aberto e para o "amplo espaço da mente em que há inimaginável energia". Esse parece ter sido o manancial de sua criatividade e a chave para o poder catalítico que exercia sobre uma tão grande variedade de pessoas.

Fez palestras, sem cessar, por todos os cantos do mundo até sua morte, ocorrida em 1986, aos noventa anos de idade. Suas conferências e diálogos, diários e cartas foram reunidos em mais de sessenta livros e em centenas de gravações. Desse vasto corpo de ensinamentos compilou-se esta série de livros-tema. Cada livro focaliza um assunto que possui particular relevância e urgência em nossa vida diária.

# *Poona, 17 de Outubro de 1948*

*Questionador*: Qual o significado do relacionamento correto com a natureza?

*Krishnamurti*: Não sei se vocês descobriram seu relacionamento com a natureza. Não há relacionamento "correto", há apenas a compreensão desse relacionamento. O relacionamento correto implica a mera satisfação de uma fórmula, como acontece com o pensamento correto. O pensamento correto e o pensar corretamente são duas coisas distintas. O pensamento correto é simplesmente conformar-se com o que é certo, com o que é respeitável, ao passo que pensar corretamente é movimento, é o produto da compreensão, a qual está constantemente passando por modificações, por mudanças. Analogamente, há uma diferença entre relacionamento correto e compreender o nosso relacionamento com a natureza. Qual é o relacionamento com a natureza (isto é, com os rios, as árvores, os pássaros que voam ligeiros, os peixes nas águas, os minerais sob a terra, as cachoeiras e os lagos rasos)? Qual é o relacionamento com eles? A maioria de nós não está consciente desse relacionamento. Nós nunca olhamos para uma árvore, ou, se o fazemos, é com a intenção de usar essa árvore, quer sentando-nos à sua sombra, quer cortando-a para usar como madeira. Em outras palavras, olhamos para as árvores com objetivos utilitários: nunca olhamos para uma árvore sem nos projetarmos, sem usá-la para a nossa própria conveniência. Tratamos a terra e os seus produtos da mesma maneira. Não há amor pela terra, há apenas o uso da terra. Se de fato amássemos a terra, economizaríamos os produtos que ela nos dá. Ou seja, se quiséssemos entender o nosso relacionamento com a terra, teríamos de ter muito cuidado com o modo de usarmos os seus produtos. A compreensão do nosso relacionamento com a natureza é tão difícil de compreender quanto o nosso relacionamento com os vizinhos, a esposa e os filhos. Mas não ligamos para isso. Nunca nos sentamos para olhar as estrelas, a lua ou as árvores. Estamos ocupados demais com as atividades sociais ou políticas. Obviamente, essas atividades são meios de fuga de nós mesmos; venerar a natureza também é um meio de fuga. Estamos sempre usando a natureza quer como uma fuga, quer para fins utilitários — nunca nos detemos de verdade e amamos a terra ou as coisas que ela nos dá. Não apreciamos os campos férteis, embora os usemos para nos alimentar e vestir. Não gostamos de cultivar a terra com nossas mãos. Temos vergonha de fazer trabalhos manuais. Afinal, esse trabalho só é feito pelas castas inferiores. Nós, as classes superiores, aparentemente somos demasiado importantes para usar as próprias mãos: portanto, perdemos o nosso relacionamento com a natureza.

Se tivéssemos entendido esse relacionamento, a sua real importância, não dividiríamos a propriedade em sua ou minha; embora tivéssemos um lote de terra e construíssemos uma casa, esta não seria "minha" nem "sua" no sentido da exclusividade — seria mais um modo de buscar abrigo. Pelo fato de não amarmos a terra e os seus produtos mas simplesmente os usarmos, somos insensíveis à beleza de uma queda d'água, perdemos o contato com a vida: não nos recostamos no tronco de uma árvore. Já que não amamos a natureza, não sabemos amar os seres humanos e os animais. Vão até as ruas e observem como os bois são maltratados, como a cauda dos bois perdem a forma. Vocês balançam a cabeça e dizem: "Mas como isso é triste." Contudo, perdemos a ternura, a sensibilidade que reage às coisas belas, e é apenas na renovação dessa sensibilidade que podemos entender o que é um verdadeiro relacionamento. Essa sensibilidade não surge com o mero fato de pendurarmos alguns quadros na parede, nem de pintarmos uma árvore, nem de colocarmos flores no cabelo; a sensibilidade só morre quando se deixa de lado essa visão utilitária. Isso não significa que vocês não possam usar a terra; porém, vocês devem usá-la como ela deve ser usada. A terra existe para ser amada, protegida, não para ser dividida como se fosse sua ou minha. É tolice plantar uma árvore numa área cercada e dizer que é "minha". Só quando estamos livres da exclusividade é que existe a possibilidade de sermos sensíveis, não só à natureza, mas também aos seres humanos e aos incessantes desafios da vida.

## *Nova Delhi, 14 de Novembro de 1948*

No mundo à nossa volta, vemos confusão, miséria e desejos conflitantes e, compreendendo este caos mundial, as pessoas mais coerentes e sérias — não as que estão fingindo, mas as que de fato se preocupam — naturalmente verão a importância de refletir sobre o problema da ação. Há a ação coletiva e a ação individual; a ação de massa tornou-se uma abstração, um meio de fuga conveniente para escapar da ação individual. Ao imaginar que este caos, esta miséria, este desastre que está constantemente aumentando possa ser de alguma forma transformado ou organizado pela ação das massas, o indivíduo torna-se um irresponsável. A massa é por certo uma entidade fictícia, a massa são vocês e sou eu. Só quando vocês e eu não entendemos a relação da verdadeira ação é que nos voltamos para a abstração chamada a massa e, por isso, nos tornamos irresponsáveis em nossa ação. Para a ação da reforma, procuramos um líder ou nos voltamos para a ação coletiva, organizada, que novamente é ação de massa. Quando procuramos um líder para dirigir a ação, invariavelmente escolhemos uma pessoa que achamos que nos ajudará a transcender os nossos problemas, a nossa miséria. Contudo, pelo fato de escolhermos um líder a partir da nossa confusão, o próprio líder está confuso. Não escolhemos um líder diferente de nós mesmos. Não podemos fazer isso. Só podemos escolher um líder que, como nós mesmos, está confuso; portanto, esses líderes, esses guias e os assim chamados gurus espirituais invariavelmente nos levam a maior confusão, a mais miséria. Visto que os escolhemos a partir da nossa própria confusão, quando seguimos um líder estamos unicamente seguindo a nossa própria e confusa projeção de nós mesmos. Assim sendo, essa ação, embora possa produzir um resultado imediato, invariavelmente leva a outro desastre.

Portanto, vimos que a ação da massa — embora seja valiosa em certos casos — está destinada a levar ao desastre, à confusão, e a acarretar irresponsabilidade da parte do indivíduo, e vimos que seguir um líder significa também aumentar a confusão. No entanto, temos de viver. Viver é agir; viver é relacionar-se. Não há ação sem relacionamento, e não podemos viver isolados. Não existe o isolamento. A vida é agir e relacionar-se. Portanto, para entender a ação que não crie mais infelicidade, mais confusão, temos de entender a nós mesmos, com todas as nossas contradições, nossos traços contraditórios, nossas muitas facetas que estão constantemente em luta umas contra as outras. Enquanto não entendermos a nós mesmos, a ação deverá inevitavelmente levar a mais conflito, a mais infelicidade.

Assim sendo, nosso problema é agir com entendimento, e esse entedimento só vem com o autoconhecimento. Afinal, o mundo é uma projeção de mim mesmo. O mundo é o que eu sou. O mundo não é diferente de mim, o mundo não está contra mim. O mundo e eu não somos entidades separadas. A sociedade sou eu; não há dois processos diferentes. O mundo é uma extensão de mim mesmo, e, para entender o mundo, tenho de entender a mim mesmo. O indivíduo não está em oposição à massa, à sociedade, porque a sociedade é o indivíduo. Sociedade é relacionamento entre vocês, eu e o outro. Só há oposição entre indivíduo e sociedade quando o indivíduo se torna irresponsável. Portanto, temos um problema a considerar. Há uma crise extraordinária que atinge todos os países, pessoas e grupos. Qual o relacionamento que há entre nós, vocês e eu, e essa crise, e como devemos agir? Por onde devemos começar para provocar uma transformação? Como eu disse, se considerarmos a massa não há saída, visto que a massa implica um líder, e a massa sempre é explorada pelos políticos, pelo sacerdote e pelos espertos. E uma vez que vocês e eu fazemos parte da massa, temos de assumir a responsabilidade pela nossa ação, ou seja, temos de entender a nossa própria natureza, temos de entender a nós mesmos. Entender a nós mesmos não significa nos isolarmos do mundo, porque isolar-se do mundo significa afastar-se e não podemos viver afastados. Assim sendo, temos de entender a ação no relacionamento, e esse entendimento depende da percepção da nossa natureza conflitiva e contraditória. Acho que é uma tolice conceber um estado em que haja paz e para o qual possamos olhar. Só pode haver paz e tranqüilidade quando entendemos a nossa natureza e não quando pressupomos um estado que não conhecemos. Pode haver um estado de paz, mas a simples especulação sobre esse estado é inútil.

Para agir corretamente, deve haver pensamento correto; para pensar corretamente, deve haver autoconhecimento, e o autoconhecimento só pode existir por meio do relacionamento, não do isolamento. O pensamento correto só ocorre quando entendemos a nós mesmos, e desse conhecimento surge a ação correta. A ação correta é a que surge do entendimento de nós mesmos, não de uma parte de nós mesmos, mas de todos os aspectos de nós mesmos, da nossa natureza contraditória, de tudo o que somos. À medida que entendemos a nós mesmos, há ação correta, e dessa ação surge a felicidade. Além do mais, queremos felicidade. Felicidade é o que a maioria de nós está procurando por meio de várias formas, por meio de várias fugas — fugas através da atividade social, do mundo burocrático, da diversão, do culto e da repetição de frases, do sexo, e de inumeráveis outras fugas. Vemos que essas fugas não trazem felicidade duradoura; elas apenas dão um alívio temporário; fundamentalmente, não há nada verdadeiro nelas, nenhum deleite duradouro. Penso que só encontraremos esse prazer, esse êxtase, a verdadeira alegria de sermos criativos, quando entendermos a nós mesmos. Não é fácil entender a nós mesmos; esse entendimento requer certa vivacidade, certa percepção. Essa vivacidade, essa percepção só podem surgir quando não nos condenamos, não nos justificamos; porque, no momento em que há uma condenação ou uma justificação, o processo de entendimento se encerra. Quando condenamos alguém, deixamos de entender essa pessoa, e quando nos identificamos com ela, novamente deixamos de entendê-la. Dá-se o mesmo conosco. É difícil observar, ficar passivamente consciente de quem vocês são; mas dessa consciência advém um entendimento, uma transformação do que existe, e só nessa transformação é que se abrem as portas para a realidade.

Então, nosso problema é a ação, o entendimento e a felicidade. Não há base para o verdadeiro raciocínio a não ser que conheçamos a nós mesmos. Sem o autoconhecimento não tenho base para o pensamento — apenas posso viver num estado de contradição, como faz a maioria de nós. Para provocar uma transformação no mundo, que é o mundo do relacionamento, tenho de começar por mim mesmo. Vocês podem argumentar que "provocar uma transformação do mundo desse modo exigirá um tempo infinitamente longo". Se estivermos buscando resultados imediatos, naturalmente acharemos que a demora será muito grande. Os resultados imediatos são prometidos pelos políticos; mas receio que para o homem que está em busca da verdade não há resultados imediatos. É a verdade que transforma, não a ação imediata; só quando cada um descobrir a verdade haverá felicidade e paz no mundo. O nosso problema é viver no mundo sem pertencer a ele, e trata-se de um problema de uma busca das mais sérias, porque não podemos nos recolher, não podemos renunciar, porém temos de ter a consciência de nós mesmos. Compreender a si mesmo é o começo da sabedoria. Ter consciência de nós mesmos é entender o nosso relacionamento com as coisas, pessoas e idéias. Enquanto não compreendermos a importância e o significado do nosso relacionamento com as coisas, pessoas e idéias, a ação que implica o relacionamento inevitavelmente provocará conflitos e lutas. Assim, um homem verdadeiramente sério tem de começar por si mesmo; ele tem de ficar passivamente consciente de todos os seus pensamentos, sentimentos e ações. Novamente, não se trata de uma questão de tempo. Não há fim para o autoconhecimento. Este só existe de momento para momento e, portanto, há uma felicidade criativa a cada novo momento.

Quando eu me concentro nas perguntas de vocês, por favor, não fiquem esperando por uma resposta, uma vez que vocês e eu iremos refletir juntos sobre o problema e descobrir a resposta. Receio que fiquem desapontados. A vida não nos presenteia com "sim" ou "não" categóricos, embora preferíssemos isso. A vida é mais complexa do que isso, ela é muito mais sutil. Portanto, para descobrirmos a resposta temos de estudar o problema, o que significa que temos de ter paciência e inteligência para resolvê-lo.

*Questionador*: Que lugar a religião organizada ocupa na nossa sociedade moderna?

*Krishnamurti*: Vejamos qual é o significado de religião e qual o significado de sociedade moderna. O que quer dizer religião? O que a religião significa para vocês? Não é verdade que significa uma série de crenças, de rituais, de dogmas, várias superstições, *puja*, repetição de palavras, esperanças vagas não realizadas e frustradas, a leitura de certos livros, a busca de gurus, idas ocasionais ao templo e assim por diante? Por certo é isso o que a religião é para a maior parte do nosso povo. Mas isso será religião? Será a religião um costume, um hábito, uma tradição? Naturalmente, a religião é algo que transcende tudo isso, não é verdade? A religião implica a busca da realidade, o que nada tem a ver com crença organizada, templos, dogmas ou rituais, e, no entanto, nossos pensamentos, a verdadeira estrutura do nosso ser está enredada, está presa a crenças, superstições, etc. Obviamente, o homem moderno não é religioso; portanto, sua sociedade não é sadia, equilibrada. Podemos seguir determinada doutrina, adorar certas imagens ou criar uma nova religião estatal, porém é óbvio que todas essas coisas não são religião. Eu disse que religião é a busca da realidade, mas essa realidade é desconhecida; não se trata da realidade contida nos livros, não é a experiência dos outros. Para encontrar essa realidade, para revelá-la, para convidá-la a fazer parte da nossa vida, temos de deixar de pensar no conhecido; a importância de todas as tradições e crenças deve ser assimilada, entendida e descartada. Para tanto, a repetição de rituais não tem sentido.

Portanto, um homem religioso por certo não pertence a nenhuma religião, a nenhuma organização; ele não é hinduísta nem maometano, ele não pertence a nenhuma classe.

Agora, o que é o mundo moderno? O mundo moderno é feito de técnica e de eficiência em organizações de massa. Há um avanço extraordinário da tecnologia e uma má distribuição das necessidades da massa; os meios de produção estão nas mãos de umas poucas pessoas. Há nações em conflito, sempre repetindo guerras por questões de soberania governamental, etc. Esse é o mundo moderno, certo? Há avanço técnico sem avanço psicológico, que é igualmente importante, e, assim, há um estado de desequilíbrio; temos extraordinárias conquistas científicas e, ao mesmo tempo, miséria humana, corações e mentes vazios. Muitas das técnicas que aprendemos têm que ver com construção de aviões, com matar uns aos outros, e assim por diante. Então, esse é o mundo moderno, que são vocês mesmos. O mundo não é diferente de vocês. O seu mundo, que são vocês mesmos, é um mundo de intelectos cultivados e corações vazios. Se vocês se analisarem, verão que são o produto da civilização moderna. Vocês sabem fazer uma porção de truques, técnicas e materiais, mas não são seres humanos criativos. Vocês têm filhos, mas isso não é ser criativo. Para sermos capazes de criar, temos de ter uma extraordinária riqueza interior, e essa riqueza interior só pode existir quando entendemos a verdade, quando somos capazes de receber a verdade.

A religião organizada e o mundo moderno andam juntos; ambos cultivam o coração vazio e essa é a parte infeliz da nossa existência. Somos superficiais, intelectualmente brilhantes, capazes de grandes invenções e de produzir os mais destrutivos meios de liquidarmos uns aos outros, e de criarmos cada vez mais divisão entre nós mesmos. Mas não sabemos o que significa amar; não temos uma canção em nosso coração.

Tocamos música, ouvimos o rádio, mas não há canções, de vez que o nosso coração está vazio. Criamos um mundo totalmente confuso, miserável, mas nossos relacionamentos são frágeis e superficiais. Sim, a religião organizada e o mundo moderno andam juntos, portanto ambos levam à confusão, a esta confusão da religião organizada e do mundo moderno provém de nós mesmos. Ela é a projeção de nós mesmos. Portanto, não pode haver transformação no mundo exterior a menos que haja uma transformação dentro de cada um de nós; e provocar essa transformação não é problema do perito, do especialista, do líder ou do sacerdote. É problema nosso, de cada um de nós. Se deixarmos a solução para os outros, nos tornamos irresponsáveis e, portanto, nosso coração se tornará vazio. Um coração vazio e uma mente técnica não constituem um ser humano criativo, e pelo fato de termos perdido esse estado criativo, criamos um mundo que é totalmente miserável, confuso, destruído pelas guerras, agitado por distinções de classe e por diferenças raciais. É nossa responsabilidade provocar uma transformação radical dentro de nós mesmos.

## *De* Das Trevas para a Luz

Ouça!

A vida é uma só.
Não tem começo nem fim.
A origem e o objetivo habitam no seu coração.
Você foi apanhado
Nas trevas do seu grande precipício.

A vida não tem credo, não tem crença,
Não pertence à nação ou ao santuário,
Não prende pelo nascimento nem pela morte,
Nem por ser homem ou mulher.
Você pode juntar as "águas para fazer uma roupa",
Ou prender "o vento em suas mãos"?

Responda, amigo!

Beba na Fonte da Vida,
Venha,
Eu lhe mostrarei o caminho.
O manto da Vida cobre todas as coisas.

# *Do* Diário de Krishnamurti, *6 de Abril de 1975*

Não é igual àquele azul extraordinário do Mediterrâneo: o azul do Pacífico é etérico, especialmente quando sopra uma brisa suave do oeste e se dirige o carro ao longo da estrada da costa, rumando para o norte. O azul do Pacífico é muito delicado, ofuscante, claro e repleto de alegria. Ocasionalmente, vocês verão baleias esguichando água ao rumarem para o norte; às vezes, verão suas enormes cabeças aflorando. Havia um cardume inteiro esguichando água: devem ser animais muito fortes. Naquele dia, o mar parecia um lago, calmo e totalmente silencioso, sem uma única onda; não havia agitação naquele azul-claro. O mar estava adormecido e vocês o observavam com admiração. A casa tinha vista sobre o mar [tratava-se da casa em que ele estava morando, em Malibu]. É uma bela casa, com um jardim tranqüilo, um gramado verde e flores. É uma casa espaçosa, banhada pelo sol da Califórnia. Os coelhos também gostavam dela: vinham bem cedo pela manhã e, no final da tarde, comiam as flores e os amores-perfeitos, os malmequeres e as plantinhas floridas recém-plantadas. Não se conseguia mantê-los do lado de fora apesar da cerca de arame em toda a volta do jardim, e matá-los seria um crime. No entanto, um gato e uma coruja de celeiro devolveram a ordem ao jardim; o gato preto passeava pelo jardim e a coruja se empoleirava nos densos eucaliptos durante o dia. Vocês podiam vê-la, imóvel, de olhos fechados, redonda e grande. Os coelhos desapareceram e o jardim floriu e o Pacífico azul fluía sem esforço.

Só o homem traz desordem ao universo. Ele é impiedoso e extremamente violento. Onde ele está, traz infelicidade e confusão para si mesmo e para o mundo ao redor. Ele provoca o desperdício e destrói, e não tem compaixão. Não há ordem nele e, assim, o que ele toca se torna sujo e caótico. Sua política tornou-se um gangsterismo primoroso de poder, de fraude, pessoal ou nacional, de grupo contra grupo. Sua economia é restrita e, assim, não é universal. Sua sociedade é imoral, quer na liberdade, quer sob tirania. Ele não é religioso, embora acredite, adore e pratique intermináveis rituais sem sentido. Por que ele ficou assim, tornando-se cruel, irresponsável e tão completamente egocêntrico? Por quê? Há centenas de explicações, e aqueles que explicam isso, sutilmente, com palavras que nasceram do conhecimento contido em muitos livros e por meio de experiências com animais, são apanhados no ninho da tristeza, da ambição, do orgulho, da angústia humanas. A descrição não é o descrito; a palavra não é o objeto. Será porque o homem está procurando causas externas, o ambiente condicionando o homem, na esperança de que a mudança exterior transforme o homem interior? Será porque ele está tão apegado aos seus sentidos, dominado por suas exigências imediatas? Será porque vive tão completamente no movimento do pensamento e do conhecimento? Ou será porque ele é tão romântico, sentimental, que se tornou desumano com seus ideais, pretextos e pretensões? Será porque ele sempre é dominado, um seguidor, ou porque se torna um líder, um guru?

Essa divisão em exterior e interior é o começo de seu conflito e infelicidade, ele é apanhado nessa contradição, nessa tradição eterna. Preso nessa divisão sem sentido, ele está perdido e se torna um escravo dos outros. O exterior e o interior são a imaginação e a invenção do pensamento; como o pensamento é fragmentário, ele provoca desordem e conflito, o que é divisão. O pensamento não pode criar a ordem, que é uma conseqüência natural da virtude. A virtude não é uma repetição contínua de memória, de prática. O conhecimento do pensamento significa reter o tempo. O pensamento, por sua própria natureza e estrutura, não pode abranger todo o fluxo da vida, como um movimento total. O conhecimento do pensamento é um vislumbre dessa totalidade; ele não pode ter consciência dessa falta de opção enquanto ficar como o que percebe, como o que está fora olhando para dentro. O conhecimento do pensamento não tem lugar na percepção. O pensador é o pensamento; o que percebe é o que é percebido. Só então há um movimento espontâneo na nossa vida diária.

## *Nova Delhi, 28 de Novembro de 1948*

Parece-me que é importante entender que um conflito, de qualquer tipo que seja, não gera o pensamento criativo. Até entendermos o conflito e a sua natureza, e o que significa estar em conflito, lutar meramente com um problema ou com uma formação ou ambiente particular é totalmente inútil. Assim como todas as guerras causam deterioração e produzem, invariavelmente, novas guerras e mais infelicidade, lutar demais com o conflito resulta em mais confusão. Portanto, o conflito em nós, projetado para o exterior, cria confusão no mundo. Assim sendo, é necessário entender o conflito e ver que conflitos, de qualquer tipo, não geram pensamentos criativos em seres humanos sadios. E, no entanto, toda nossa vida é gasta em luta, e pensamos que essa luta é parte necessária da existência. Há conflito dentro de nós e com o ambiente, sendo o ambiente a sociedade que, por sua vez, é a nossa ligação com as pessoas, as coisas e as idéias. Essa luta é considerada inevitável e pensamos que é essencial ao processo da existência. Ora, isso será verdade? Há algum modo de viver que exclua a luta, em que haja possibilidade de entendimento sem o habitual conflito? Eu não sei se vocês notaram que, quanto mais lutam com um problema psicológico, mais confusos e enredados ficam, e que só quando cessam de lutar, quando desistem de todo processo de pensamento, surge o entendimento.

Assim sendo, temos de perguntar se o conflito é essencial e produtivo.

Estamos analisando o conflito em nós mesmos e com o ambiente. O ambiente é o que somos em nós mesmos. Vocês e o ambiente não são dois processos diferentes; vocês são o ambiente e o ambiente é vocês — e esse é um fato óbvio. Vocês nasceram num grupo particular de pessoas, quer na Índia, na América, na Rússia ou na Inglaterra; e esse mesmo ambiente com suas influências de clima, tradição, costumes sociais e religiosos formou vocês — e são esse ambiente. Para descobrir se há algo mais do que o mero resultado do ambiente, terão de estar livres do ambiente, livres do seu conhecimento. Isso é óbvio, não é verdade? Se analisarem cuidadosamente a si mesmos, verão que por terem nascido neste país, são climática, social, religiosa e economicamente seu produto ou resultado. Ou seja, vocês são condicionados pelo ambiente. Para descobrir se há algo mais, algo maior que o simples resultado de uma condição, vocês têm de estar livres dessa condição. Ser condicionados simplesmente a indagar se há algo mais, se há algo maior do que o mero produto do ambiente não tem sentido. Obviamente, temos de estar livres da condição, do ambiente, e só então podemos descobrir se existe algo mais. Afirmar que há ou não algo mais, por certo é um raciocínio falso. Temos de descobrir e, para descobrir, temos de fazer experiências.

❖

Portanto, ao considerar essas questões, por favor tenhamos em mente que estamos começando juntos uma jornada de descoberta; assim sendo, não corremos o risco de que haja a ligação entre mestre e discípulos. Vocês não estão aqui como espectadores a me verem brincar. Estamos todos brincando; portanto, nenhum de nós está explorando o outro.

# *Varanasi, 22 de Novembro de 1964*

Se vocês não estão em comunhão com coisa nenhuma, são seres humanos mortos. Vocês têm de estar em comunhão com o rio, com os pássaros, com as árvores, com a luz extraordinária do entardecer, com a luz da manhã sobre as águas; têm de estar em comunhão com o vizinho, com suas esposas, com seus filhos, com seus maridos. Por *comunhão* entendo a não-interferência do passado, de modo que possam olhar outra vez para tudo de um modo novo — e essa é a única maneira de estar em comunhão com algo; portanto, que vocês morram para tudo o que for passado. Isso será possível? Temos de descobrir e não perguntar "como devo fazer isso?" — o que é uma pergunta tola! As pessoas sempre perguntam: "Como devo fazer isso?" Isso mostra a mentalidade das pessoas; elas não compreenderam nada, apenas querem obter um resultado.

Portanto, pergunto se vocês alguma vez estão em contato com alguma coisa, e se alguma vez estão em contato com vocês mesmos — não com o seu Self superior e inferior, e com todas as inúmeras divisões que o homem criou para fugir. E vocês têm de descobrir — e não serem ensinados como chegar a essa ação total. Não há "como", não há método, não há sistema; ninguém pode contar-lhe coisa alguma. Vocês têm de trabalhar para descobrir por si. Sinto muito. Não me refiro àquela palavra *trabalho*; as pessoas gostam de trabalhar; essa é uma das nossas fantasias:

a de que temos de trabalhar para obter algo. Não neste caso; quando estão num estado de comunhão, não há trabalho; tudo está aí, o perfume está aí, vocês não precisam trabalhar para senti-lo.

Sendo assim, perguntem a si mesmos, se é que posso pedir-lhes isto, se estão em comunhão com algo — se estão em comunhão com uma árvore. Vocês já estiveram em comunhão com uma árvore? Sabem o que significa observar uma árvore sem ter nenhum pensamento, nenhuma lembrança interferindo na sua observação, em seus sentimentos, na sua sensibilidade, no seu estado nervoso de atenção, de tal forma que só exista a árvore e não exista nem mesmo vocês observando a árvore? Provavelmente, nunca fizeram isso; para vocês, uma árvore não tem significado. A beleza de uma árvore não tem nenhuma importância porque, para vocês, beleza significa sexualidade. Portanto, vocês têm de excluir a árvore, a natureza, o rio, as pessoas. E não estão em contato nem mesmo com vocês mesmos! Estão em contato com as próprias idéias, as próprias palavras, como seres humanos em contato com as cinzas. Sabem o que acontece quando estão em contato com as cinzas? Vocês estão mortos, foram reduzidos a cinzas.

A primeira coisa de que é preciso tomar consciência, portanto, é da necessidade de descobrir a ação total que não criará confusão em nenhum nível da existência, o que significa estar em comunhão, em comunhão com vocês mesmos, não com o seu Eu superior, não com o Atman, com Deus e com tudo isso, mas estar de fato em contato com vocês mesmos, com a sua cobiça, com a sua inveja, com a sua brutalidade, com a sua decepção, e então movimentar-se a partir daí. Descobrirão, a partir de si mesmos — descobrirão, não ouvirão contar, o que não teria sentido — que só existe ação total quando há completo silêncio mental.

Vocês sabem que, no caso da maioria de nós, a mente é inquieta, ela está constantemente tagarelando consigo mesma, em solilóquios ou falando sobre algo ou tentando falar consigo mesma para se convencer de algo; ela está sempre em movimento, é ruidosa. E a partir desse ruído, nós agimos. Toda ação nascida do ruído cria mais ruído, mais confusão. Mas, se observarem e aprenderem o que significa comunicar-se, o que significa dificuldade de comunicação, de não-verbalização da mente — que é a que comunica e a que recebe a comunicação —, irão então em sua ação mover-se naturalmente, livremente, com facilidade, sem nenhum esforço, para esse estado de comunhão. E nesse estado de comunhão — se investigarem mais a fundo — descobrirão que não só estão em comunhão com a natureza, com o mundo, com tudo ao seu redor, mas também em comunhão com vocês mesmos.

Estar em comunhão consigo mesmo significa estar em completo silêncio, de tal forma que a mente possa ficar silenciosamente em comunhão consigo mesma acerca de tudo. A partir daí, há ação total. Só a partir do vazio há ação total e criativa.

## *Varanasi, 28 de Novembro de 1964*

De acordo com descobertas recentes dos antropólogos, o homem aparentemente vive neste planeta há cerca de dois milhões de anos. E há cerca de dezessete mil anos, o homem gravou nas cavernas cenas de luta, de batalhas, de interminável tristeza da existência — batalha entre o bem e o mal, entre a brutalidade e aquilo que ele busca incessantemente: o amor. E, ao que parece, o homem não resolveu seus problemas — não me refiro a problemas de matemática, científicos ou de engenharia, mas aos problemas humanos de relacionamento, de como viver pacificamente neste mundo, de como estar em contato íntimo com a natureza e ver a beleza de um pássaro num galho de árvore sem folhas.

Chegando aos tempos modernos, nossos problemas, os problemas humanos estão aumentando cada vez mais; tentamos resolver esses problemas de acordo com certos padrões de moralidade, de comportamento e de acordo com vários comprometimentos de ordem intelectual. De acordo com nossos compromissos, padrões de comportamento, fórmulas religiosas e sanções, tentamos resolver nossos problemas, nossas angústias, nosso desespero, nossa inconsistência e as contradições da nossa vida. Adotamos determinada atitude como comunistas, socialistas, como isso ou como aquilo; e a partir dessa atitude, por assim dizer, dessa plataforma, tentamos resolver nossos problemas gradativamente, um depois do outro — é isso o que fazemos na nossa vida.

A pessoa pode ser um grande cientista, mas o cientista do laboratório é diferente do cientista em casa: uma pessoa patriota, amargurada, zangada, ciumenta, que compete com os outros cientistas por mais fama, popularidade e dinheiro. Ele não está nem um pouco preocupado com os problemas humanos; preocupa-se com a descoberta de várias formas da matéria e com a verdade de tudo isso.

Como seres humanos comuns, não como peritos ou especialistas em algum setor particular de atividade, também estamos comprometidos com certo padrão de comportamento, com certos conceitos religiosos ou com o veneno do nacionalismo e, a partir disso, lutamos para resolver o número sempre crescente dos problemas.

Vocês sabem que as palavras e a leitura são intermináveis. Palavras sempre podem ser substituídas, e a construção das frases, a beleza da linguagem, a razão ou a irracionalidade do que está sendo dito persuade ou dissuade vocês. Contudo, ler, acumular palavras e ouvir palestras ou discursos não é importante, mas, antes, resolver o problema — o problema humano, o seu problema — não gradativamente, não à medida que surge, nem de acordo com as circunstâncias, pressões e tensões da vida moderna, porém, a partir de uma atividade totalmente diferente. Há problemas humanos de cobiça, de inveja, de espírito mental obtuso, de corações feridos, da apavorante insensibilidade do homem, da brutalidade, da violência, do desespero profundo e da ansiedade. Durante os dois milhões de anos que vivemos, tentamos resolver esses problemas de acordo com diferentes fórmulas, sistemas, métodos, gurus, pontos de vista e perguntas. E, no entanto, continuamos ainda presos no infindável processo da ansiedade, da confusão e do desespero sem fim.

Será que existe um meio de resolver os problemas completamente, de maneira a não tornarem a surgir e, se surgirem, de maneira a podermos enfrentá-los, a resolvê-los, e eliminá-los imediatamente? Será que há um modo integral de vida que não dê origem a problemas? Há algum modo de vida — não o modelo de um caminho, de um método, de um sistema, mas um modo integral de viver — que não apresente problemas em momento algum ou que, se eles se apresentarem, possam ser resolvidos de imediato? Uma mente que carregue o fardo de um problema se torna obtusa, pesada, estúpida. Eu não sei se vocês observaram a própria mente, e se observaram a mente de suas esposas, maridos e vizinhos. Quando a mente tem quaisquer tipos de problemas, esses mesmos problemas — mesmo os de matemática, não importa quão complexos, penosos, intrigantes, intelectuais sejam — tornam a mente obtusa. Pela palavra *problema* entendo uma questão difícil, um relacionamento difícil, um assunto difícil que continue sem solução e com o qual se permanece dia após dia. Então, estamos perguntando se há um modo de viver, se há um estado mental que, por entender a totalidade da existência, não tenha problemas, e que, quando surgir um problema, possa resolvê-lo imediatamente. Pois quando permanecemos com um problema nem que seja por um dia, por um minuto, ele torna a mente pesada, obtusa, e a mente não tem sensibilidade para analisar, para observar.

Haverá uma ação total, um estado da mente que resolva todo problema assim que ele surge, e que, em si mesma, não tem nenhum problema, em nenhuma profundidade, consciente ou inconsciente? Eu não sei se já fizeram essa pergunta a si mesmos alguma vez. É provável que não, porque a maioria de nós é tão triste, tão presa pelos problemas da existência cotidiana — ganhando o sustento e atendendo às exigências da sociedade que psicologicamente gera uma estrutura de ambição, de cobiça, de consumismo — que não temos tempo para questionar. Esta manhã, vamos investigar esse assunto, e depende de vocês a profundidade do questionamento, a clareza do mesmo e a intensidade da observação.

Aparentemente, vivemos há dois milhões de anos — uma idéia assustadora! E, provavelmente, viveremos outros dois milhões de anos como seres humanos apanhados na eterna dor da existência. Haverá um modo, algo que livre o homem inteiramente disso, de modo que não viva nem por um segundo em ansiedade? Que não invente uma filosofia que o satisfaça na sua ansiedade? Que não crie uma fórmula que possa aplicar a todos os problemas que surgirem, aumentando dessa forma esse problema? Existe! Há um estado mental que pode resolver imediatamente os problemas e, portanto, a mente, em si mesma, não tem problemas, conscientes ou inconscientes.

Iremos analisar isso. E embora o orador vá usar palavras e penetrar tanto quanto possível através da comunicação das palavras, vocês têm de ouvir e entender. Vocês são seres humanos, não indivíduos, porque vocês ainda estão no mundo, que é a massa; vocês fazem parte desta terrível estrutura da sociedade. Só há individualidade quando há um estado mental em que a mente não tem problemas, quando ela se separou completamente da estrutura social do consumismo, da cobiça e da ambição.

Dizemos que há um estado da mente que pode viver sem nenhum problema ou que pode resolver instantaneamente qualquer problema que apareça. Vocês viram como é importante não carregar um problema consigo, mesmo por um dia ou por um segundo. Pelo fato de a maioria de vocês terem problemas sem solução, quanto mais lhe derem espaço para desenvolverem raízes, mais a mente, o coração e a sensibilidade serão destruídos. Assim, é imperativo que o problema seja resolvido imediatamente.

É possível, depois de ter vivido durante dois milhões de anos às voltas com o conflito, com a infelicidade e com a recordação de muitos dias passados, é possível a mente livrar-se disso de forma que fique completa, inteira, e não seja destruída? E para descobrirmos isso, temos de analisar o tempo, porque os problemas e o tempo estão intimamente relacionados.

Portanto, iremos analisar o tempo. Ou seja, depois de termos vivido por dois milhões de anos, será que temos de continuar vivendo mais dois milhões de anos com tristeza, sofrimento, ansiedade, luta, morte? Será isso inevitável? A sociedade está progredindo, está evoluindo desse modo — evoluindo por meio da guerra, da pressão, da batalha entre Oriente e Ocidente, das várias lutas da nacionalidade, do Mercado Comum, dos bloqueios deste poder e daquele tipo de poder. A sociedade está se movendo, se movendo, se movendo: lentamente, e, em certo sentido, está adormecida, mas está se movendo. Pois bem, talvez em dois milhões de anos, a sociedade se transforme em algum tipo de estado onde se possa viver com outro ser humano sem competição, mas com amor, com gentileza, com tranqüilidade, com um notável senso de beleza. Mas teremos de esperar dois milhões de anos para chegar a isso? Não devemos ficar impacientes? Estou usando a palavra *impaciente* no sentido correto: ser impacientes, não ter paciência com o tempo. Ou seja: não podemos resolver tudo, não em termos de tempo, mas imediatamente?

Pensem nisso. Não digam que é impossível ou que é possível. O que é o tempo? Há o tempo cronológico, o tempo marcado pelo relógio — este é óbvio, é necessário; quando vocês tiverem de construir uma ponte, terão de ter tempo, mas qualquer outra forma de tempo, isto é, "terá de ser", "eu farei", "eu não devo"; tudo isso é falso; é apenas uma invenção da mente, que diz "eu farei isto". Se não houver amanhã — e o amanhã não existe —

então, toda a atitude de vocês será diferente. E, na verdade, não existe esse tempo — quando vocês estão com fome, quando querem fazer sexo ou quando estão repletos de desejo, vocês não têm tempo, vocês querem isso imediatamente. Assim, entender o tempo significa solucionar os problemas.

Por favor, analisem a relação íntima entre problema e tempo. Por exemplo: há a tristeza. Vocês sabem o que é tristeza — não a tristeza suprema, mas a tristeza de estarem sozinhos, a tristeza de não conseguirem algo que desejam, a tristeza de não verem com clareza, a tristeza da frustração, a tristeza de terem perdido alguém a quem pensam amar e a tristeza de não conseguirem compreendê-lo. E, além dessa tristeza, há uma tristeza ainda maior: a do tempo. Porque é o tempo que alimenta a tristeza. Atentem para isto, por favor. Aceitamos o tempo, que é o processo gradual da vida, o modo gradativo de evoluir, a mudança gradativa disto para aquilo, da raiva para um estado gradativo de não-raiva. Aceitamos o processo gradativo da evolução, e dizemos que ele faz parte da existência, da vida, que é o plano de deus, ou o plano dos comunistas, ou outro plano qualquer. Aceitamos o fato, e não vivemos com isso idealmente, mas de verdade.

Ora, para mim, essa é a maior tristeza: permitir que o tempo dite a mudança, a mutação. Terei de esperar dez mil anos ou mais, terei de passar por esta miséria, pelo conflito por mais dez mil anos, e lenta e gradativamente mudar pouco a pouco, esperar meu tempo, mover-me devagar? Aceitar isso e viver nesse estado é a maior tristeza.

Será possível acabar imediatamente com a tristeza? Esse é o verdadeiro centro da questão. Porque assim que eu resolver a tristeza — a tristeza no sentido mais profundo dessa palavra —

tudo acabou. Porque uma mente triste nunca saberá o que significa amar.

❖

Portanto, tenho de aprender imediatamente algo sobre a tristeza, e o próprio ato de aprender é um completo desvio do tempo. Ver algo imediatamente, ver o falso imediatamente é a ação da verdade que liberta vocês do tempo.

Vou me aprofundar um pouco nessa questão da visão. Há pouco, quando entramos, havia um papagaio verde, brilhante, de bico vermelho, pousado num galho desfolhado da árvore, destacando-se em contraste com o azul do céu. Nós nem o observamos; estávamos ocupados demais, concentrados e perturbados demais; portanto, não vimos a beleza desse pássaro no galho desfolhado, destacando-se recortado contra o azul do céu. O ato de ver é imediato — não se trata de "eu vou aprender a ver". Se disserem "vou aprender" já introduziram o fator tempo no assunto. Portanto, não observem só esse pássaro, mas também atentem para o trem, para o som da tosse, essa tosse nervosa que estamos ouvindo durante todo o tempo aqui — ouçam esse ruído, ouçam-no como um ato imediato. E procurem ver com toda a clareza, sem a interferência do pensador — ver esse pássaro, ver quem somos, de verdade, sem se voltarem apenas a teorias sobre o Super-Atman e tudo mais; procurem perceber de fato quem somos.

Ver implica uma mente sem opinião, uma mente que não tem fórmulas. Se houver uma fórmula na sua mente, vocês nunca verão esse pássaro — esse papagaio no galho recortado contra o céu — nunca verão a beleza total. Vocês dirão, "sim, é um papagaio dessa ou daquela espécie, e o galho pertence a esta ou àquela árvore, e o céu é azul por causa da luz", mas nunca verão a totalidade dessa coisa extraordinária. E perceber a totalidade dessa beleza não implica tempo. Da mesma forma, para perceber a totalidade da tristeza, não deve haver consideração de tempo.

❖

Por favor, analisem isto de outra maneira. Vocês sabem que não temos amor — compreender isto é terrível. Na verdade, não temos amor; temos sentimentos; temos as emoções, a sensualidade, a sexualidade; temos lembranças de algo que pensamos que seja amor. Mas, na verdade, não temos amor. Porque amor significa ausência de violência, ausência de medo, de competição, de ambição. Se tivessem amor, vocês nunca diriam "esta é a minha família". Vocês podem ter uma família e dar a ela o melhor de vocês mesmos, mas ela não será "a sua família" — o que seria opor-se ao mundo. Se vocês amam, se há amor, há paz. Se amassem, teriam educado seus filhos ensinando-os a não serem patriotas, a não terem só uma profissão técnica, a não tratar unicamente de seus pequenos negócios; vocês não teriam nacionalidade. Não haveria divisões de religião, se vocês amassem. Mas, visto que essas coisas na verdade existem — não como teoria, mas concreta e brutalmente — neste mundo horrível, isso demonstra que não há amor. Até mesmo o amor de uma mãe pelo filho não é amor. Se a mãe de fato amasse o filho, vocês acham que o mundo seria assim? Ela cuidaria para que ele tivesse a alimentação certa, a educação correta, para que ele fosse sensível, para que apreciasse a beleza, para que não fosse ambicioso, invejoso nem tivesse cobiça. Assim, a mãe, conquanto ela ache que ama seu filho, não o ama.

Desse modo, não temos esse amor.

Portanto, o que vocês vão fazer? Se responderem: "Diga-nos, por favor, o que fazer", não compreenderam absolutamente nada.

Mas vocês têm de perceber a importância, a imensidão, a urgência de resolverem a questão; não amanhã, não no dia ou na hora seguintes, mas agora. E, para isto, vocês precisam de energia. Só para enxergarem imediatamente — o catalisador que torna o líquido sólido ou que o vaporiza não faz efeito se não lhe derem tempo, nem que seja um segundo. Toda a nossa existência, todos os nossos livros, toda a nossa esperança é amanhã, amanhã. Toda essa aceitação do tempo é a maior tristeza.

Portanto, a questão do que fazer depende de vocês, não do orador de quem estão esperando uma resposta. Não há resposta. E nisso está a beleza da questão. Vocês podem sentar-se de pernas cruzadas, respirar corretamente, ou colocar-se de cabeça para baixo durante os dez mil anos que estão por vir. A menos que tenham feito essa pergunta a si mesmos — não superficial, não oral, não intelectualmente, mas com todo o seu ser — vocês viverão com ela durante dois milhões de anos. Esses dois milhões de anos podem ser apenas o amanhã. Portanto, os problemas e o tempo estão intimamente relacionados — compreendem agora?

Uma mente que exige uma resposta para esta questão não só tem de entender que ela é o resultado do tempo, mas também de negar a si mesma para que possa estar fora da estrutura do tempo, da sociedade. Se vocês ouviram, se realmente ouviram com vontade de entender, com intensidade, vocês terão chegado à seguinte conclusão — não só verbal mas efetivamente — de que não estão mais presos nas garras do tempo. A mente, embora seja o resultado de dois milhões de anos ou mais, está livre, porque viu todo o processo e entendeu imediatamente. Podemos chegar a essa conclusão — que é óbvia. Quando entendemos isso, passa a ser uma brincadeira de criança. Embora vocês todos sejam adultos, no momento em que virem isso, dirão: "O que eu tenho feito com a minha vida!" Então, a mente não tem decepção, não sofre pressões.

Quando a mente não tem problemas, não tem tensões, não é condicionada, essa mente tem espaço, um espaço infinito tanto na mente como no coração; é só nesse espaço infinito que pode haver criação. Pelo fato de a tristeza, o amor, a morte e a criação serem substância dessa mente, essa mente está livre da tristeza, está livre do tempo. E assim, essa mente está num estado de amor e, quando há amor, há beleza. Nesse sentido de beleza, nesse sentido de vastidão, de espaço infinito, há criação. E ainda mais além — "além" não no sentido de tempo — no de uma sensação de amplo movimento.

Agora, vocês estão todos ouvindo o que digo na esperança de captarem algo verbalmente, mas não captarão — não mais do que podem captar o amor ao ouvir alguém falando sobre amor. Para entender o amor, vocês têm de começar bem perto, ou seja, dentro de vocês. E então, quando entenderem, quando derem o primeiro passo — e este mesmo primeiro passo é o último —, então poderão ir bem longe, mais longe do que os foguetes que vão para a lua, para Vênus ou para Marte. O todo destas coisas é a mente religiosa.

## *De* Comentários Sobre o Viver, Segunda Série

O avião superlotado voava a mais de vinte mil pés de altitude sobre o Atlântico, sobre o grosso tapete de nuvens. Acima, o céu era de um azul intenso, o sol estava atrás de nós e voávamos rumo ao oeste. As crianças, cansadas de brincar correndo de um lado para outro do corredor, dormiam cansadas. Depois de uma longa noite, todos os outros passageiros estavam acordados, fumando e bebendo. Na parte da frente do avião, um homem contava a um outro pormenores do seu negócio, enquanto uma mulher sentada no banco de trás descrevia para outra as coisas que havia comprado, numa voz afetada, e se indagava sobre a quantia que teria de despender na alfândega. Naquela altitude, o vôo era suave, não havia solavancos, embora o vento soprasse forte abaixo de nós. As asas do avião brilhavam na luz clara do sol e os propulsores giravam regularmente com uma velocidade fantástica; o vento atingia o avião por trás e voávamos a mais de trezentas milhas por hora.

Do outro lado do corredor estreito, dois homens conversavam, e era difícil não ouvir o que estavam dizendo, pois falavam em voz alta. Eram homens grandes, e um deles tinha o rosto vermelho e maltratado pelas condições do clima. Ele falava sobre o trabalho de matar baleias, mencionando o perigo desse trabalho, os lucros implícitos e a assustadora violência do mar. Algumas baleias pesavam centenas de toneladas. Era proibido matar fêmeas com filhotes, e só era possível matar certo número de baleias em determinado período de tempo. Ao que parecia, a matança desses monstros enormes era feita de um modo bastante "científico"; cada grupo tinha determinada função a cumprir e era tecnicamente treinado para desempenhá-la. O cheiro do navio principal era quase insuportável, mas as pessoas se acostumavam com ele, assim como nos acostumamos com quase tudo. Além disso, quando tudo corria bem, havia um lucro considerável. O homem começou a falar sobre o estranho fascínio da matança, porém, naquele momento, trouxeram os aperitivos, e o tema da conversa foi mudado.

Os seres humanos gostam de matar, seja uns aos outros, seja um inofensivo gamo de olhos claros na floresta, ou um tigre que atacou o gado. Na estrada, passa-se deliberadamente por cima de uma serpente; arma-se uma armadilha para pegar um lobo ou um coiote. Pessoas bem vestidas e risonhas saem com suas poderosas armas e matam os pássaros que cantam chamando uns aos outros. Um menino mata um ruidoso gaio azul com sua espingarda de ar comprimido e os adultos ao seu redor nunca demonstram tristeza nem censura; ao contrário, dizem que o garoto atira bem. Matar pelo assim chamado esporte, para obter alimento, pelo país, pela paz — não há muita diferença nesses modos de matar. A justificativa não é a resposta. Só há uma resposta; não matar. No Ocidente, pensamos que os animais existem para saciar nossa fome, ou para o prazer de matar, ou para tirarmos sua pele. No Oriente, durante séculos, foi ensinado e repetido pelos pais: não matem, sejam misericordiosos, tenham compaixão. Aqui, os animais não têm alma, portanto, podem ser mortos impunemente; lá, os animais têm alma, portanto, pensem nisso e procurem sentir amor. Aqui, é considerado normal comer animais e pássaros; trata-se de algo aprovado pela Igreja e pela propaganda; lá não é, e o homem ponderado, religioso, por tradição e cultura, jamais come essa carne. Mas isso também está sendo rapidamente alterado. Aqui, sempre matamos em nome de Deus e do país, e agora esse hábito foi adotado em todos os lugares. A matança está se espalhando; quase que da noite para o dia as culturas antigas estão sendo postas de lado e a eficiência, a inquietação e os meios de destruição estão sendo cuidadosamente mantidos e fortalecidos.

A paz não depende do político nem do sacerdote, do advogado ou do policial. A paz é um estado mental quando há amor.

## *De* A Primeira e Última Liberdade, *Capítulo 3*

Qual é o seu relacionamento com a infelicidade, com a confusão em vocês e no mundo exterior? Por certo, esta confusão, esta infelicidade não surgem por si mesmas. Vocês e eu a criamos, não uma sociedade capitalista ou comunista ou fascista; contudo, vocês e eu as criamos em nosso relacionamento uns com os outros. O que vocês são por dentro foi projetado para fora, para o mundo: o que vocês são, o que pensam e o que sentem, o que fazem na vida do dia-a-dia é projetado para o exterior e isso constitui o mundo. Se vocês estiverem interiormente infelizes, confusos, perplexos, devido à projeção que se torna o mundo, que se torna a sociedade, porque o relacionamento entre vocês e eu, entre eu e os outros é a sociedade — a sociedade é o produto do nosso relacionamento — e se o nosso relacionamento é confuso, egocêntrico, estreito, limitado, nacional, projetamos isto e trazemos o caos para o mundo.

O que vocês são o mundo é. Portanto, o seu problema é o problema do mundo. Por certo, este é um fato simples e fundamental, não é?

Por que motivo a sociedade está se desfazendo, está entrando em colapso, do modo como está? Um dos principais motivos é que o indivíduo, você, deixou de ser criativo. Explicarei o que quero dizer. Vocês e eu nos tornamos imitativos; estamos copiando, interior e exteriormente. Exteriormente, quando aprendemos uma técnica, quando nos comunicamos uns com os outros no nível verbal, naturalmente tem de existir certa imitação, uma cópia. Eu copio as palavras. Para me tornar engenheiro, primeiro eu tenho de aprender a técnica, em seguida, tenho de usá-la para construir uma ponte. Tem de haver certo nível de cópia, de imitação na técnica exterior, mas, quando há imitação interior, psicológica, por certo deixamos de ser criativos. Nossa educação, nossa estrutura social, nossa assim chamada vida religiosa, estão todas baseadas na imitação; ou seja, eu me enquadro em certa fórmula social ou religiosa. Deixei de ser um indivíduo real. Psicologicamente, tornei-me uma simples máquina de repetição, com certas respostas condicionadas, independentemente de serem elas dos hindus, dos cristãos, do budista, do alemão ou do inglês. Nossas respostas são condicionadas de acordo com o padrão da sociedade, seja ela oriental ou ocidental, religiosa ou materialista. Portanto, uma das causas fundamentais da desintegração da sociedade é a imitação, e um dos fatores de desintegração é o líder, cuja essência é a imitação.

# *De* A Liberdade do Conhecido, *Capítulo 11*

Estivemos analisando a natureza do amor, e chegamos a um ponto que, na minha opinião, precisa ser mais observado, precisa de uma consciência maior do assunto. Descobrimos que, para a maioria das pessoas, o amor significa conforto, segurança, uma garantia de satisfação emocional contínua durante toda a vida. Então, alguém como eu aparece e pergunta: "Isso será realmente amor?", e lhes pede para olharem para dentro de si mesmos. E vocês tentam não olhar porque isso é muito perturbador — vocês prefeririam discutir sobre a alma, a situação política ou econômica — mas quando são obrigados a olharem para dentro de si mesmos, compreendem que o que sempre pensaram fosse o amor não é o amor; é uma gratificação, uma exploração mútua.

Quando digo "o amor não tem passado nem futuro" ou "quando não há centro, há amor", essa é a minha realidade, mas não a de vocês. Vocês podem citar e transformar o que digo numa fórmula, mas isso não tem valor. Vocês têm de ver por si mesmos, mas, para fazer isso, é preciso haver liberdade para analisar, liberdade em relação a toda condenação, a todo julgamento, a todo acordo ou desacordo.

Agora, olhar — ou ouvir — é uma das coisas mais difíceis da vida; olhar e ouvir são o mesmo. Se os olhos de vocês estão cegos pelas suas preocupações, vocês não podem ver a beleza do pôr-do-sol. A maioria de nós perdeu o contato com a natureza. A civilização está tendendo cada vez mais para a vida em grandes cidades. Estamos cada vez mais nos tornando um povo urbano, vivendo em apartamentos apertados e com pouco espaço para olhar para o céu pela manhã e à tarde; por este motivo, estamos perdendo o contato com grande quantidade de coisas belas. Não sei se vocês notaram como são poucos os que observam um pôr-do-sol, a aurora ou o luar; ou o reflexo da luz sobre a água.

Por termos perdido o contato com a natureza, é claro que tendemos a desenvolver as capacidades intelectuais. Lemos um grande número de livros, visitamos vários museus e comparecemos a vários concertos, assistimos à televisão e participamos de muitos outros divertimentos. Citamos interminavelmente idéias de outras pessoas e falamos bastante sobre arte. Por que dependemos tanto da arte? Trata-se de um meio de fuga, de estímulo? Se estivessem diretamente em contato com a natureza, se observassem o movimento do vôo dos pássaros, se vissem a beleza de cada movimento no céu, observassem as sombras das montanhas ou a beleza do rosto dos outros, precisariam ir aos museus ver um quadro? Talvez seja porque vocês não sabem como olhar para todas as coisas à sua volta: por isso, recorrem a alguma droga para estimulá-los a ver melhor.

Há a história de um mestre espiritualista que costumava falar todas as manhãs a seus discípulos. Certa manhã, ele subiu à plataforma e estava para começar a palestra quando um passarinho surgiu, pousou na janela e começou a cantar; cantou com todo o coração. Depois, parou e levantou vôo. E o mestre disse: "A palestra desta manhã terminou."

Parece-me que uma das maiores dificuldades de vocês é enxergar por si mesmos, com clareza, não só as coisas exteriores mas a vida interior. Quando dizemos que vemos uma árvore, uma flor ou uma pessoa, nós de fato os vemos? Ou apenas vemos a imagem que a palavra criou? Isto é, quando vocês olham para uma árvore ou para uma nuvem numa tarde repleta de luz e de alegria, de fato enxergam isso, não só com os olhos e intelectualmente, mas total e completamente?

Vocês já fizeram a experiência de olhar para alguma coisa concreta como uma árvore sem nenhuma das associações, sem nenhum conhecimento que adquiriram sobre ela, sem nenhum preconceito, julgamento, sem nenhuma palavra formando uma tela entre vocês e a árvore, impedindo-os de vê-la como de fato é? Tentem fazer isso e atentem para o que de fato acontece quando observam a árvore com todo o seu ser, com a totalidade da energia que lhes é peculiar. Com essa intensidade de observação, notarão que não existe nenhum observador, há somente atenção. Quando vocês ficam desatentos existe observador e observado. Quando estão olhando para algo com atenção total, não há espaço para os conceitos, as fórmulas ou as lembranças. É importante entender, porque vamos analisar algo que requer uma análise muito cuidadosa.

A mente que observa uma árvore, as estrelas ou as águas cintilantes de um rio com total abandono de si mesma é a única que sabe o que é beleza; e, quando estamos enxergando, estamos num estado de amor. Em geral, conhecemos a beleza por meio da comparação ou do que o homem construiu, o que significa que atribuímos a beleza a algum objeto. Vejo o que imagino ser uma bela construção e essa beleza que aprecio se deve ao meu conhecimento de arquitetura e à comparação com outras construções que vi. Mas agora pergunto a mim mesmo: "Há beleza sem objeto?"; quando há um observador que é censor, que experimenta, que pensa, não há beleza, porque a beleza é algo exterior, algo que o observador vê e julga. Mas quando não há observador — e isto requer uma boa dose de meditação, de análise — existe a beleza sem o objeto.

A beleza está no total abandono do observador e do observado, e só pode haver abandono de si mesmo quando há total austeridade — não a austeridade do sacerdote com suas regras rígidas e com suas sanções, normas e obediência, não a austeridade das roupas, das idéias, da alimentação e do comportamento — mas a austeridade de ser completamente simples, o que é humildade total. Então, não há conquista, não há escada a subir; há apenas o primeiro passo, e o primeiro passo é o passo eterno.

Digamos que vocês estão caminhando sozinhos ou acompanhados, e que param de falar. Estão cercados pela natureza e não há cães uivando, não há ruído de carros passando, nem mesmo o ruflar das asas de um pássaro.

Vocês estão em completo silêncio e a natureza ao redor também está totalmente silenciosa. Neste estado de silêncio, tanto no observador como no observado — quando o observador não está traduzindo o que vê em pensamentos — nesse silêncio, há uma qualidade diferente de beleza. Não há natureza nem observador. Há um estado mental total, completo, único; estão sozinhos, não em isolamento, mas em tranqüilidade, e essa tranqüilidade é a beleza. Quando vocês amam, há observador? Só existe observador quando o amor é desejo e prazer. Quando o desejo e o prazer não estão associados ao amor, esse amor é forte. Como a beleza, ele é algo totalmente novo todos os dias. E como eu disse, não há hoje nem amanhã.

Só quando vocês olharem para algo sem nenhuma idéia preconcebida e sem nenhuma imagem, serão capazes de estar em contato direto com tudo na vida. E todos os nossos relacionamentos são realmente imaginários — ou seja, baseados numa imagem formada pelo pensamento. Se eu tenho uma imagem de vocês e se vocês têm uma imagem de mim, é claro que não nos vemos uns aos outros como de fato somos. O que vemos é a imagem que temos de cada um dos outros, o que nos impede de entrar em contato com eles, e por isso nossos relacionamentos não dão certo.

Quando digo que conheço vocês, quero dizer que conhecia vocês ontem. Não os conheço agora. Tudo o que conheço é a imagem que tenho de vocês. Essa imagem é formada pelo que vocês disseram me elogiando ou insultando; ela é formada pelo que fizeram por mim; é formada de todas as lembranças que tenho de vocês. E a imagem que vocês têm de mim foi criada do mesmo modo; e são unicamente essas imagens que se relacionam, que nos impedem de nos comunicarmos uns com os outros de verdade.

Duas pessoas que vivem juntas durante muito tempo criam uma imagem do outro que as impede de realmente se relacionarem. Se entendermos os relacionamentos podemos cooperar, mas provavelmente a cooperação não pode existir por meio de imagens, de símbolos, de conceitos ideológicos. Só quando entendemos o verdadeiro relacionamento entre nós e os outros há possibilidade de amar; e não há amor quando nos baseamos em imagens. Portanto, é importante entender, não intelectualmente, mas efetivamente em sua vida diária, como criaram uma imagem da esposa, do marido, do vizinho, do filho, do país, dos líderes, dos políticos, dos deuses — vocês nada têm a não ser imagens.

Essas imagens criam a distância entre vocês e o que observam; e nessa distância há conflito. Portanto, agora vamos descobrir juntos se é possível nos livrarmos da distância que criamos, não só fora de nós mas também dentro, a distância que afasta as pessoas em todos os seus relacionamentos.

A própria atenção que vocês dão a um problema é a energia que soluciona esse mesmo problema. Quando vocês — como um todo — lhe dão total atenção, não existe observador. Há apenas o estado de atenção que é energia total, e essa energia total é a mais elevada forma de inteligência. Naturalmente, esse estado mental tem de ser completamente silencioso, e esse silêncio, essa quietude, surge quando há total atenção, não a tranqüilidade disciplinada. Esse silêncio total no qual não há observador nem o objeto observado é a forma mais elevada de uma mente religiosa. Mas o que acontece nesse estado não pode ser dito com palavras porque o que é dito com palavras não é o fato. Para descobrir por vocês mesmos, terão de fazer a experiência.

Todo problema está relacionado com todos os outros problemas, de modo que, se conseguirem resolver completamente um problema — não importa qual — verão que serão capazes de resolver facilmente todos os outros. Estamos falando, é claro, de problemas psicológicos. Já vimos que um problema só existe no tempo, ou seja, quando enfrentamos um assunto de modo incompleto. Então, não só temos de ter consciência da natureza do problema e da sua estrutura e analisá-lo completamente, mas também enfrentá-lo assim que surgir, resolvendo-o imediatamente, para que não deite raízes na mente. Se permitirmos que um problema perdure por um mês ou por um dia, ou até mesmo por alguns minutos, ele distorce a mente. Assim, é possível enfrentar um problema sem nenhuma distorção e nos livrarmos imediata e completamente dele sem deixar uma lembrança, uma marca na mente? Estas lembranças são as imagens que levamos conosco, e elas compõem essa coisa extraordinária chamada vida; portanto, há contradição e, conseqüentemente, conflito. A vida é muito real: ela não é uma abstração — e quando você a enfrenta com imagens há problemas.

Será possível enfrentar todos os assuntos sem esse intervalo de espaço-tempo, sem essa brecha entre nós e a coisa de que temos medo? Só é possível quando o observador não tem continuidade, o observador que é o criador da imagem, o observador que é uma coleção de lembranças e de idéias, que é um punhado de abstrações.

Quando vocês olham para as estrelas, são vocês que as estão olhando no céu; o céu está repleto de estrelas brilhantes, o ar é fresco, e ali estão vocês, os observadores, pessoas que experimentam, os pensadores, vocês com seus corações feridos, como centro, criando distância. Vocês nunca entenderão a distância entre vocês e as estrelas, entre vocês e suas esposas, seus maridos, seus amigos, porque nunca olharam para algo sem a imagem; e é por isso que não sabem o que é amor ou beleza. Vocês falam sobre o amor, escrevem sobre ele, mas nunca o conheceram, exceto talvez em raros momentos de total abandono. Enquanto existir um centro criando distância à sua volta, não existe beleza nem amor. Quando não existe centro nem circunferência, há amor. E quando vocês amam, vocês são a beleza.

Quando vocês olham para um rosto diante do seu, estão observando a partir de um centro, e este gera a distância entre as pessoas; é por isso que a nossa vida é tão vazia e árdua. Vocês não podem cultivar o amor ou a beleza, nem podem inventar a verdade, mas se estiverem conscientes do que fazem durante todo o tempo, podem cultivar a consciência. E a partir dessa consciência começarão a perceber a natureza do prazer, do desejo e da tristeza, e a total solidão e o tédio do homem; então, começarão a entender essa coisa chamada "distância".

Saibam que, quando há distância entre vocês e o objeto que estão observando, não há amor, e, sem amor, por mais que se esforcem por reformar o mundo ou criar uma nova ordem social, por mais que falem sobre melhorias, só criarão ansiedade. Portanto, depende de vocês. Não há líder, não há mestre, não há ninguém que lhes diga o que fazer. Vocês estão sozinhos neste mundo imenso e cruel.

# *De* Cartas às Escolas Volume 2, *1º de Novembro de 1983*

Estamos bastante seguros de que os educadores têm consciência do que está acontecendo no mundo. As pessoas estão divididas por raças, religiões, política e economia, e essa divisão significa fragmentação. Essa fragmentação está provocando grande caos no mundo: guerras, todo tipo de desilusão política e assim por diante. Há o aumento da violência do homem contra o homem.

Este é o estado atual de confusão no mundo, na sociedade em que vivemos, e esta sociedade é criada por todos os seres humanos com suas culturas, suas divisões lingüísticas, sua separação regional. Tudo isso não só está alimentando a confusão, mas criando ódio, uma boa dose de antagonismo e mais diferenças lingüísticas. É isso o que está acontecendo e a responsabilidade dos educadores é realmente muito grande.

O que esta educação está de fato fazendo? Ela está realmente ajudando o homem ou seus filhos a ficarem mais preocupados, mais gentis ou generosos; está ajudando-os a não voltar aos velhos padrões, à velha feiúra e à maldade deste mundo? Se o educador está de fato preocupado, e ele tem de estar, então ele precisa ajudar o aluno a descobrir seu relacionamento com o mundo, não com o mundo da imaginação nem do sentimentalismo romântico, mas o verdadeiro mundo em que estão ocorrendo todos os fatos. E também com o mundo da natureza, com o deserto, com a floresta, ou com as poucas árvores ao seu redor e com os animais. Felizmente, os animais não são nacionalistas; eles só caçam para sobreviver. Se o educador e o aluno perderem seu vínculo com a natureza, com as árvores, com as ondas do mar, por certo eles perderão seu vínculo com o homem.

O que é a natureza? Há muito falatório e esforço para proteger a natureza, os animais, os pássaros, as baleias e os golfinhos; para limpar os rios poluídos, os lagos, os campos verdes e assim por diante. A natureza não é criada pelo pensamento, como acontece com a religião, como acontece com a crença. A natureza é o tigre, esse animal extraordinário, com sua energia, seu grande senso de poder. A natureza é a árvore solitária no campo, as campinas e o bosque; é o esquilo que se esconde timidamente atrás de um arbusto. A natureza é a formiga e a abelha e todos os seres vivos sobre a terra. A natureza é o rio, não um rio determinado, seja o Ganges, o Tâmisa ou o Mississípi. A natureza são todas essas montanhas cobertas de neve, os vales azuis-escuros e a cadeia de montanhas que se encontra com o mar... temos de ter sensibilidade para tudo isso, não devemos destruir nem matar só por prazer.

A natureza faz parte da nossa vida. Crescemos a partir da semente, a terra, e somos parte de tudo isso; mas estamos rapidamente perdendo o senso de que somos animais como os outros. Vocês podem ter algum sentimento por aquela árvore? Olhem para ela, vejam a sua beleza, ouçam o som que ela produz; sejam sensíveis à plantinha, à pequena semente, àquela trepadeira que cresce na parede, à luz que banha as folhas e às sombras. Vocês têm de ter consciência de tudo isto e certo senso de comunhão com a natureza que os cerca. Vocês podem viver numa cidade, mas há árvores esparsas. Uma flor num jardim próximo pode ser maltratada, sufocada por ervas daninhas, mas olhem para ela, sintam que vocês fazem parte de tudo isso, parte de tudo o que vive. Se vocês ferirem a natureza estarão ferindo a si mesmos.

Vocês sabem que tudo isso já foi dito antes de vários modos, mas parece que não prestamos muita atenção. Será porque estamos tão envolvidos com a nossa própria rede de problemas, com nossos próprios desejos, nossas próprias necessidades de prazer e de sofrimento, que não olhamos em volta, que nunca olhamos para a lua? Olhem para ela. Olhem com os olhos e com os ouvidos, com o olfato. Olhem. Olhem como se fosse pela primeira vez. Se puderem fazer isso, verão aquelas árvores, aquele arbusto, aquela folha de grama pela primeira vez. Então, poderão ver o professor, a mãe e o pai, o irmão e a irmã pela primeira vez. Há uma sensação estranha ligada ao fato: o encanto, a estranheza, o milagre de uma nova manhã que nunca houve antes nem haverá depois. Entrem realmente em comunhão com a natureza; não fiquem verbalmente presos à sua descrição, mas sejam parte dela; permaneçam conscientes; sintam que pertencem a tudo isso; procurem ser capazes de amar tudo isso, de admirar um gamo, um lagarto na parede, aquele tronco de árvore caído ao chão. Olhem para a estrela vespertina ou para a lua nova, sem fazer uso das palavras, sem dizer apenas que é bonita, voltando-lhe as costas depois, atraídos por outra coisa qualquer, mas observem essa estrela única e a lua nova e delicada como se fosse pela primeira vez. Se houver essa comunhão entre vocês e a natureza, vocês comungarão com o homem, com o menino sentado ao seu lado, com o seu mestre, ou com os seus pais. Todos nós perdemos o senso de relacionamento em que não há apenas a expressão verbal de afeto e de preocupação, mas também esse senso de comunhão que não se expressa por meio de palavras. É a sensação de que estamos todos unidos, de que todos somos seres humanos indivisos, indestrutíveis, de que não pertencemos a nenhum grupo ou raça particular, ou a alguns conceitos idealísticos, mas somos todos seres humanos e estamos vivendo nesta terra extraordinária e bela.

O educador deve falar sobre tudo isso não apenas verbalmente; ele mesmo tem de sentir o mundo — o mundo da natureza e o mundo do homem. Esses mundos estão relacionados entre si. O homem não pode fugir disso. Quando destrói a natureza, está destruindo a si mesmo. Quando mata outro homem, está matando a si mesmo. O inimigo não é o outro, mas vocês mesmos. Naturalmente, viver nesta harmonia com a natureza, com a terra, cria um mundo diferente.

## *De* Cartas às Escolas Volume 2, *15 de Novembro de 1983*

Vocês aprendem bastante por meio da observação — observando as coisas à sua volta, observando os pássaros, as árvores, observando o céu, as estrelas, a constelação de Órion, da Ursa Maior, a estrela vespertina. Vocês simplesmente aprendem observando as coisas à sua volta, mas também observando as pessoas: como elas andam, gesticulam, as palavras que usam, o modo como se vestem.

Vocês não só olham para o que está fora, mas também analisam a si mesmos, por que pensam isto ou aquilo, como se comportam, como vivem a vida diária, por que os pais querem que façam determinada coisa. Estão observando, não estão resistindo. Se resistirem, não aprenderão. Se chegarem a algum tipo de conclusão, a alguma opinião que pensam ser correta, e se apegarem a ela, naturalmente nunca aprenderão. Para aprender é preciso ser livre, e tem de haver curiosidade, certa vontade de querer saber por que os outros se comportam de determinada maneira, por que as pessoas estão zangadas, por que vocês se aborrecem.

Os pais de vocês, especialmente no Oriente, lhes dizem que devem se casar, e arranjam o casamento; eles lhes dizem qual deve ser a sua carreira. Assim, o cérebro aceita o modo fácil, e o modo fácil nem sempre é o correto. Pergunto-me se notaram que ninguém mais gosta do trabalho que faz, exceto talvez alguns cientistas, artistas, arqueólogos. Mas o homem comum raramente gosta do que está fazendo. Ele é impelido pela sociedade, pelos pais ou pela necessidade de ter mais dinheiro. Desse modo, procurem aprender observando com muito cuidado o mundo exterior, o mundo fora de vocês, e o mundo interior — ou seja, o seu mundo.

## *De* Palestras na Europa 1968, Paris, *25 de Abril de 1968*

Só pode haver relacionamentos quando há total abandono do ego, do "eu". Quando não existe o eu, então vocês se relacionam, pois também não existe separação. Provavelmente, não sentimos isso — a total negação (não intelectualmente, mas verdadeiramente), o término total do eu. E talvez seja isso que a maioria de nós está procurando, sexualmente ou por meio da identificação com algo maior. Mas também isso, esse processo da identificação com algo maior, é produto do pensamento; e o pensamento é velho (como o ego, o eu, é do passado), sempre é velho. Então, surge a pergunta: como é possível abandonar por completo esse processo de isolamento, esse processo que está centralizado no eu? Como se deve fazer isso? Vocês entenderam a pergunta? Como o eu (cuja atividade diária está repleta de medo, de ansiedade, de desespero, de tristeza, de confusão e de esperança) — como este eu, que se separa de outro, por meio da identificação com deus, com seu condicionamento, com sua sociedade, com sua atividade social e moral, com o Estado e assim por diante —, como ele deve morrer, desaparecer para que o ser humano possa estar relacionado? Porque, se não estamos relacionados, iremos viver em guerra contra os outros. Talvez não haja matança uns dos outros porque isso está se tornando muito perigoso, exceto em países longínquos. Como podemos viver de forma que não haja separação, de forma que realmente possamos cooperar com o todo?

Há tanto a fazer no mundo: eliminar a pobreza; viver com felicidade; viver com prazer em vez de com ansiedade e medo; criar um tipo totalmente diferente de sociedade, uma moralidade que esteja acima de toda moralidade. Mas isso só pode acontecer quando todo tipo de moralidade da sociedade moderna for negada. Há muitas coisas a fazer, mas que não podem ser feitas se o processo de constante isolamento continuar. Falamos de "meu", dos "meus" e do "outro"— o outro está atrás da parede, o meu e os meus deste lado. Assim, de que modo essa essência da resistência, que é o eu, pode ser totalmente "abandonada"? Porque essa é de fato a questão fundamental em todo relacionamento, pois vemos que o relacionamento entre as imagens não é nenhum relacionamento; e quando há este tipo de relacionamento, tem de haver conflito, temos de lutar uns contra os outros.

Quando vocês fizerem a si mesmos essa pergunta, inevitavelmente dirão: "Preciso viver num vazio, num estado de vazio?" Fico cogitando se vocês sabem o que é ter uma mente completamente vazia. Vocês viveram num espaço criado pelo "eu" (que é um espaço muito pequeno). O espaço que o "eu" — que é um processo de isolamento — abriu entre as pessoas é o único espaço que conhecemos — o espaço entre nós e a circunferência —, a fronteira que o pensamento construiu. E nesse espaço nós vivemos, nesse espaço há divisão. Vocês dizem: "Se eu relaxar, se eu deixar de lado o meu centro, viverei num vazio." Mas vocês alguma vez de fato abandonaram o ego, de tal forma que ele deixe de existir? Vocês alguma vez viveram neste mundo, foram ao escritório com esse espírito, viveram com sua esposa ou com seu marido? Se viveram desse modo, então sabem que há um estado de relacionamento em que não há eu, que não é uma utopia, que não é algo com o que sonhamos, nem uma experiência mística, não-sensorial, mas algo que de fato pode ser realizado — viver numa dimensão em que há relacionamento com todos os seres humanos.

Mas isso só pode acontecer quando entendemos o que é amor. E para ser, para viver nesse estado, temos de entender o prazer do pensamento e de todo o seu mecanismo. Então, todo o complicado mecanismo que construímos para nós mesmos à nossa volta pode ser percebido à primeira vista. Não temos de passar por todo esse processo analítico, ponto por ponto. Toda análise é fragmentária; portanto, não há resposta seguindo por esse caminho.

Há o grande e complexo problema da existência com todos os seus medos, ansiedades, esperanças, felicidade passageira e prazeres, mas uma análise não irá resolvê-lo. O que o resolverá será captar tudo rapidamente, como um todo. Vocês sabem que só entendem algo quando olham — não com o olhar treinado e demorado, o olhar experiente de um artista, de um cientista ou do homem que se exercitou na "maneira de olhar". Vocês o verão quando olharem para ele com toda a atenção; vocês verão o todo num único relance. E então verão que estão do lado de fora. Fora do tempo; o tempo parou e, portanto, a tristeza acabou. Um homem que está triste ou com medo não está relacionado. Como pode um homem que está buscando o poder ter um relacionamento? Ele pode ter uma família, dormir com a mulher, mas não está relacionado. Um homem que esteja competindo com outro não tem nenhum relacionamento. E toda a nossa estrutura social, com sua imoralidade, está baseada nisso. Estar fundamental e essencialmente relacionado significa acabar com o eu que aumenta a separação e a tristeza.

## *De* Palestras na Europa 1968, Amsterdã, *22 de Maio de 1968*

Quando observamos o que está acontecendo no mundo, o caos, a confusão e a violência entre os homens, que nenhuma religião ou ordem social — ou talvez desordem — foi capaz de evitar; quando observamos as atividades dos políticos, dos economistas, dos reformadores sociais, em todo o mundo, vemos que eles acarretaram cada vez mais confusão, cada vez mais infelicidade. As religiões, essas crenças organizadas, certamente não ajudaram de nenhuma maneira a trazer a ordem, uma felicidade profunda duradoura ao homem. Mas também nenhuma das utopias, quer do comunismo, quer daqueles grupos minoritários que formaram comunidades, trouxe uma clareza profunda e duradoura ao homem. Precisamos de uma grande revolução por todo o mundo; é necessária uma grande mudança. Não estamos falando de uma revolução exterior, mas de uma revolução interior no nível psicológico, que obviamente é a única — se é que podemos usar essa palavra — salvação para o homem. As ideologias trouxeram a brutalidade, trouxeram várias formas de matança, de guerras; as ideologias, conquanto nobres, são de fato bastante ignóbeis. É preciso que haja uma total mudança na estrutura das células do nosso cérebro, na própria estrutura do pensamento. E para levar a cabo essa mudança profunda e duradoura, essa revolução ou mudança, precisamos de uma grande dose de energia. Precisamos de um impulso, de uma intensidade mantida constantemente, não do interesse casual ou do entusiasmo passageiro que traz consigo certa qualidade de energia que logo se dissipa... E essa energia o homem espera obter por meio da resistência, da constante disciplina, da imitação, do conformismo... No entanto, a resistência, o conformismo, a disciplina, a simples adaptação a uma idéia não deram ao homem a energia e a força necessárias. Assim, temos de descobrir algo diferente que traga essa energia necessária.

Na atual estrutura da sociedade, no nosso relacionamento entre os homens, quanto mais agimos, menos energia temos. Pois nessa ação há contradição, fragmentação e, assim, essa ação provoca o conflito e, portanto, desperdício de energia. Temos de encontrar essa energia, que é revigorante, que é constante, que não se dissipa. Penso que há uma ação que provoca essa qualidade vital e necessária para uma profunda revolução radical na mente. Para a maioria de nós, a ação — isto é, "fazer", estar em atividade — acontece de acordo com uma idéia, uma fórmula, um conceito. Se observarem diariamente suas próprias atividades, seu próprio movimento em ação, verão que formularam uma idéia ou uma ideologia e agem de acordo com ela. Portanto, há uma divisão entre a idéia do que devem fazer, ou do que devem ser, ou de como devem agir e a verdadeira ação; vocês podem ver isso em vocês mesmos com toda a clareza. Portanto, a ação é sempre a aproximação da fórmula, do conceito, do ideal. E há uma divisão, uma separação entre o que deveria ser e o que é, o que provoca a dualidade, e, portanto, há conflito.

Por favor, não ouçam simplesmente uma série de palavras — as palavras não têm sentido por si mesmas, as palavras nunca provocaram nenhuma transformação radical no homem; vocês podem acumular palavras, transformá-las numa guirlanda, como faz a maioria de nós, e viver de palavras, mas elas são cinzas, elas não trazem a beleza à vida. As palavras não trazem o amor, e se vocês estiverem apenas ouvindo uma série de palavras ou de idéias, receio que irão embora de mãos vazias. Mas se ouvirem, não apenas o orador, mas seus próprios pensamentos, se atentarem para o ritmo de suas vidas, para o que está sendo dito, não como algo fora de vocês, mas que de fato está ocorrendo dentro de vocês, verão a realidade — ou a falsidade — do que está sendo dito. Temos de ver o que é verdadeiro e o que é falso para nós, não o que é verdadeiro e falso para outra pessoa. E, para descobrir, vocês terão de ouvir, terão de dar atenção, afeto, cuidado, o que significa ser muito sérios, e a vida exige que sejamos sérios, porque só para a mente muito séria há vida — há fartura de vida. Mas não há fartura de vida para o curioso, para o intelectual, para o emotivo, nem para o sentimental.

Necessitamos de uma grande energia para levar a cabo essa mudança psicológica em nós mesmos como seres humanos porque temos vivido por um tempo demasiado longo num mundo imaginário, num mundo de violência, de desespero, de ansiedade. Para viver humanamente, sadiamente, é preciso mudar. Para mudar dentro de nós mesmos e dentro da sociedade, temos necessidade dessa energia radical, pois o indivíduo não é diferente da sociedade — a sociedade é o indivíduo e o indivíduo é a sociedade. E para fazer essa mudança radical e necessária na estrutura da sociedade, que é corrupta, que é imoral — é preciso que haja mudança no coração e na mente. Para fazer essa mudança, vocês precisam de grande energia, e essa energia é negada, pervertida ou distorcida quando vocês agem de acordo com uma idéia, que é o que fazemos na nossa vida cotidiana. O conceito é baseado na história do passado, ou em alguma conclusão; portanto, não é nenhuma ação; é aproximação de uma fórmula.

Assim, perguntamos se existe uma ação que não seja baseada numa idéia, numa conclusão formada por coisas mortas que já aconteceram.

❖

Essa ação existe. Afirmar isso não é a criação de outra idéia. Temos de descobrir essa ação por nós mesmos, e, para descobrir, temos de começar bem no início do nosso comportamento humano, da qualidade humana da nossa mente. Isto é, nós nunca estamos sós; podemos estar andando sozinhos pela floresta, mas nunca estamos sós. Vocês podem estar com a família, em sociedade, mas a mente humana está tão condicionada pelas experiências do passado, pelo conhecimento, pela lembrança, que não sabe o que é estar sozinha. E temos medo de ficar sozinhos porque ficar sozinhos implica — não é verdade? — estarmos fora da sociedade. E, para sermos estranhos à sociedade, temos de estar livres dela. A sociedade requer que vocês ajam de acordo com uma idéia; isso é tudo o que a sociedade sabe; isso é tudo o que os seres humanos conhecem — conformar-se, imitar, aceitar, obedecer. E quando aceitamos a tradição, quando nos conformamos com o modelo que a sociedade estabeleceu (o que significa que os seres humanos estabeleceram), então somos partes desse todo condicionado da existência humana, que desperdiça sua energia no esforço contínuo, no conflito constante, na confusão e na infelicidade. Será possível que seres humanos se libertem dessa confusão, desse conflito?

Essencialmente, esse conflito acontece entre a ação e o que essa ação deveria ser. E observamos em nós mesmos, como devemos observar, de que modo o conflito absorve constantemente a nossa energia. Toda a estrutura social — que tem de ser competitiva, agressiva, comparando uma pessoa com outra, aceitando uma ideologia, uma crença e assim por diante — é baseada no conflito, não só dentro de nós mesmos mas também fora de nós. E dizemos, "se não há conflito em nós mesmos, se não há luta, batalha, nos tornaremos como os animais, nos tornaremos preguiçosos", o que não é verdade. Não conhecemos outros tipos de vida a não ser a que vivemos, que é a luta constante desde o momento em que nascemos até morrer; isso é tudo o que sabemos.

Se nós a observamos, podemos ver que grande desperdício de energia ela é. E temos de nos separar dessa desordem social, dessa imoralidade social — o que significa que temos de ser sós. Embora vocês vivam na sociedade, não estão aceitando mais sua estrutura de valores — a brutalidade, a inveja, o ciúme, o espírito de competição — e então estão sozinhos, e quando estão sós, vocês são maduros. A maturidade não depende da idade.

Em todo o mundo há revolta, mas essa revolta não acontece através do entendimento de toda estrutura da sociedade, que são vocês mesmos. Essa revolta é fragmentária; isto é, podemos nos revoltar contra determinada guerra, ou lutar e matar outro ser na nossa guerra favorita, ou ser um crente religioso que pertence a determinada cultura ou grupo — católico, protestante, hindu, ou qualquer outro. Mas revoltar-se significa revoltar-se contra toda a estrutura, e não contra um fragmento particular dessa estrutura, dessa cultura. Para entender toda essa estrutura, primeiro temos de ter consciência dela; primeiro, temos de observá-la, temos de nos tornar conscientes dela — isto é, temos de estar conscientes dela sem escolha. Você pode escolher determinada parte da sociedade e dizer: "Gosto disso, não gosto daquilo, isto me agrada e aquilo não me agrada." Então, estará apenas se conformando com algum padrão particular e resistindo a outro padrão; portanto, ainda está preso à luta. Primeiramente, é importante ver o quadro desta existência humana como um todo, a existência diária da nossa vida. Vê-la — não como idéia, não como conceito, mas de fato estar consciente dela como se está consciente de estar com fome. A fome não é uma idéia, não é um conceito; ela é um fato. Do mesmo modo, ver esse caos, essa infelicidade, essa luta interminável, quando se está consciente de toda a coisa sem ter escolha; ao se fazer isso, não há mais conflito; então estamos fora da estrutura social porque a mente se isolou do absurdo da sociedade.

Você sabe, homem, que cada um de nós, não importa onde vivamos, quer descobrir um estado mental, um modo de viver que não seja trabalhoso, que não seja uma luta. Estou certo de que todos nós — não importa a nossa humildade ou a nossa inteligência — queremos encontrar um modo de viver ordenado, repleto de beleza e de amor profundo. Essa tem sido a busca do homem por milhares de anos. E em vez de encontrar o que ele exteriorizou, o que pôs para fora, ele criou deuses, salvadores, sacerdotes com suas idéias; e, assim, perdeu o rumo. Temos de negar tudo isso, negar totalmente a idéia de que conheceremos a felicidade por meio de outra pessoa, segundo outra pessoa. Ninguém no mundo ou no céu pode lhe dar essa vida. Temos de trabalhar para tê-la — incessantemente.

Pense no que entendemos por atitude. Por que almejamos determinada atitude? O que significa atitude? Tomar uma posição, chegar a uma conclusão. Tenho uma atitude para com tudo o que existe, o que significa que, depois de estudar, depois de examinar, depois de planejar, depois de sondar a questão, eu cheguei a uma conclusão. Cheguei a este ponto, a esta atitude, o que significa que a própria idéia de uma atitude é resistência; portanto, isso em si mesmo é uma violência. Não podemos tomar uma atitude com relação à violência ou à hostilidade. Isso significa que a estaríamos interpretando de acordo com nossa própria conclusão, com a nossa fantasia, com a nossa imaginação, com o nosso entendimento. O que perguntamos é o seguinte: é possível perceber essa hostilidade em nós, esse criar inimizade em nós mesmos, essa violência, essa brutalidade em nós mesmos, sem tomar uma atitude para enxergar o fato como ele é? No momento em que vocês têm uma atitude já estão prejulgando; tomaram um partido e, portanto, não estão olhando, não estão entendendo o fato dentro de vocês mesmos.

Analisar a si mesmos sem uma atitude, sem uma opinião, sem julgamentos, é uma das tarefas mais árduas. Nesta análise, há clareza, e esta clareza não é uma conclusão, não é uma atitude que desfaz toda a estrutura da brutalidade e da hostilidade.

## *De* Krishnamurti para Si Mesmo, *26 de Abril de 1983*

Vimos um pássaro morrer; um homem atirou nele. Era belo, ao voar com seu bater rítmico de asas, com tanta liberdade e destemor. E o tiro o acertou: ele caiu no chão e a vida se esvaiu do seu corpo. Um cão veio apanhá-lo enquanto o homem recolhia outros pássaros mortos. O homem conversava com um amigo e parecia totalmente indiferente. Só estava preocupado em abater muitos pássaros e, no que lhe dizia respeito, isso era tudo. Os homens estão matando seres vivos em todo o mundo. Esses maravilhosos e grandes animais marinhos, as baleias, são mortos aos milhões, e também o tigre e tantos outros animais, que agora são espécies em perigo de extinção. O único animal a ser temido é o homem.

Há algum tempo, quando me hospedava na casa de um amigo nas montanhas, um homem veio contar ao meu anfitrião que um tigre matara uma vaca na noite anterior; perguntou se gostaríamos de ver o tigre naquela noite. Podia fazer uns arranjos construindo uma plataforma em uma árvore e amarrando a ela uma cabra. O balido do animalzinho atrairia o tigre, e poderíamos vê-lo. Ambos nos recusamos a satisfazer a nossa curiosidade de forma tão cruel. Mas, posteriormente, naquele mesmo dia, o anfitrião sugeriu que fôssemos de carro até a floresta para ver o tigre, se isso fosse possível. Ao entardecer, saímos num carro aberto e o motorista nos levou para dentro da floresta. Naturalmente, não vimos nada. Escurecia rapidamente e os faróis dianteiros estavam acesos; quando demos a volta, lá estava ele, sentado exatamente no meio do caminho à nossa espera. O animal era muito grande, o desenho do seu pêlo era belíssimo e seus olhos brilhavam refletindo a luz dos faróis. O animal aproximou-se urrando do carro, ia passar a uns poucos centímetros da minha mão estendida para fora; o anfitrião advertiu: "Não toque nele, isso é muito perigoso; seja rápido porque o tigre é mais ligeiro do que a sua mão." Mas podia-se sentir a energia desse grande animal, sua vitalidade; era como um grande gerador de energia. Quando passou, sentimos uma grande atração por ele, que desapareceu na floresta. [Krishnamurti conta seu encontro com o tigre com mais detalhes em seu *Diário*.]

Aparentemente, o amigo vira muitos tigres e, quando jovem, matara um desses animais; desde então, estava arrependido do fato terrível. Agora, todas as formas de crueldade estão se espalhando pelo mundo. Provavelmente, o homem nunca foi tão cruel e violento como nos dias de hoje. As igrejas e os padres do mundo pregam sobre a paz na terra; desde a mais elevada hierarquia cristã até o padre da aldeia mais pobre dão palestras sobre como levar uma boa vida sem ferir nem matar. Especialmente os budistas e hinduístas de outrora diziam: "Não mates a mosca, não mates ninguém, pois na próxima geração pagarás por isso." Essa é uma afirmação bastante rude; no entanto, alguns mantiveram aceso esse espírito, essa intenção de não matar nem ferir outro ser humano. Mas a matança por meio das guerras continua. O cão mata instantaneamente a lebre. O homem atira no outro com suas máquinas mortíferas maravilhosas, ou talvez ele mesmo leve um tiro. E esses assassinatos têm continuado milênio após milênio. Alguns matam por esporte, outros por ódio, raiva, ciúme; o assassinato organizado pelas nações com seus belos armamentos continua. Ficamos imaginando se algum dia o homem poderá viver pacificamente nesta bela terra, sem matar um ser vivo, sem ser morto ou sem matar outro homem; vivendo pacificamente com alguma divindade e amor em seu coração.

Nesta parte do mundo a que chamamos Ocidente, os cristãos talvez tenham matado mais do que quaisquer adeptos de outra religião. Estão sempre falando sobre a paz na terra. Contudo, para termos paz, temos de viver pacificamente, e isso parece impossível. Há argumentos contra e a favor da guerra, afirmando que o homem sempre foi um assassino e sempre o será; há os que afirmam que ele pode mudar e não matar mais. Esta é uma velha história. A matança interminável transformou-se num hábito, numa fórmula aceita, a despeito de todas as religiões.

Outro dia, estávamos observando uma águia de cauda vermelha voando alto no céu, circulando sem esforço, sem mover as asas, voando pelo mero prazer de voar, planando nas correntes de ar. Outra águia veio fazer-lhe companhia, e ambas ficaram voando juntas por bastante tempo. Eram criaturas maravilhosas no céu azul, e feri-las de qualquer modo seria um crime contra o céu. Naturalmente, o céu não existe; o homem o inventou por esperança, pois sua vida se transformou num inferno, num conflito incessante do nascimento até a morte, num vaivém contínuo, ganhando dinheiro, trabalhando sem parar. Esta vida se transformou num remoinho, num trabalho de luta eterna. Imaginamos se o homem, se um ser humano, alguma vez poderá viver pacificamente nesta terra. O conflito tem sido o seu modo de vida — dentro e fora de si mesmo, na área da psique e na sociedade que essa psique criou.

É provável que o amor tenha desaparecido totalmente deste mundo. Amar implica generosidade e carinho, implica não ferir ninguém, não fazer o outro se sentir culpado, mas significa ser generoso, amável, e comportar-se de tal maneira que suas palavras e pensamentos nasçam da compaixão. É claro que vocês não podem ser compassivos se pertencerem a religiões organizadas — grandes, poderosas, tradicionais, dogmáticas —, que insistem na fé. Deve haver liberdade para amar. Esse amor não é o prazer, o desejo, uma lembrança de coisas que ficaram no passado. O amor não é o oposto do ciúme, do ódio e da raiva.

Tudo isso pode parecer utópico, idealístico, algo a que o homem pode só aspirar. Mas se acreditarem assim vocês continuarão a matar. O amor é tão real, tão forte quanto a morte. Isso não tem nada que ver com imaginação nem com sentimento, nem com romanticismo e, naturalmente, tampouco tem que ver com poder, posição, prestígio. O amor é tão tranqüilo quanto as águas do mar e tão forte quanto o oceano; é como as corredeiras de um rio abundante fluindo incessantemente, sem começo nem fim. Mas o homem que mata os cachalotes ou as enormes baleias está preocupado com sua sobrevivência. Ele dirá: "Eu vivo disso, esse é o meu comércio." Ele não se preocupa nem um pouco com o que chamamos de amor. É provável que ame a família dele — ou pense que a ama — e não está muito preocupado com o modo como ganha o sustento. Talvez este seja um dos motivos pelos quais o homem vive uma vida fragmentada; ele nunca parece gostar do que está fazendo — embora talvez algumas poucas pessoas gostem. Se nos sustentássemos por meio de um trabalho do qual gostássemos, a situação seria diferente — entenderíamos a vida como um todo. Nós dividimos a vida em fragmentos: o mundo dos negócios, o mundo artístico, o mundo científico, o mundo político e o mundo religioso. Parecemos pensar que todos os mundos são separados e que devem ser mantidos assim. Dessa forma, nos tornamos hipócritas, fazendo algo feio, corrupto, no mundo dos negócios, voltando depois para casa para viver tranqüilamente com a nossa família; isso alimenta a hipocrisia, um padrão duplo de vida.

Esta de fato é uma terra maravilhosa. Aquele pássaro pousado na árvore mais alta tem estado ali todas as manhãs, tomando conta do mundo, observando se chega um pássaro maior do que ele e que possa matá-lo, olhando para as nuvens, para as sombras errantes e para o grande crescimento desta terra, estes rios, florestas e todos os homens trabalhando da manhã até a noite. No mundo psicológico, se pensássemos nisso, teríamos de ficar tristes. Também ficamos cogitando se algum dia o homem mudará ou apenas mudarão uns poucos, muito poucos. Afinal, qual é o relacionamento da minoria com a maioria? Ou qual é o relacionamento da maioria com a minoria? A maioria não se relaciona com a minoria. Mas a minoria precisa ter um relacionamento.

Sentado naquela rocha, olhando para o vale abaixo com um lagarto ao seu lado, você não ousa se mover, caso contrário, o lagarto poderia se perturbar ou ficar com medo. E o lagarto também está observando. E assim o mundo continua: inventando deuses, seguindo a hirarquia dos deuses importantes. E toda a simulação e a vergonha das ilusões provavelmente continuará, os milhares de problemas tornando-se cada vez mais complexos e intrincados. Só a inteligência do amor e da compaixão pode resolver todos o problemas da vida. Essa inteligência é o único instrumento que nunca fica embotado, inútil.

## *Brockwood Park, 10 de Setembro de 1970*

Compreendemos que há uma divisão na vida, em mim, em vocês. Vocês e eu somos fragmentos. Somos feitos de muitos fragmentos. Um dos fragmentos é o observador e o resto dos fragmentos é o que é observado. O observador torna-se consciente dos fragmentos, mas o observador é também um dos fragmentos; ele não é diferente do resto dos fragmentos. Portanto, vocês terão de descobrir quem é o observador, o experimentador, o pensador. De que é feita, como surgiu essa divisão entre observador e observado? O observador, dizemos, é um dos fragmentos. Por que ele se separou, assumiu o papel de quem analisa, de quem está consciente, de quem pode controlar, mudar, suprimir e tudo o mais? O observador é o censor... o resultado de condicionamentos sociais, ambientais, religiosos e culturais. Ou seja, as divisões culturais lhe disseram que você é diferente do objeto que está observando... Você é o eu superior e aquele é o eu inferior; você é o iluminado e o objeto não é. Agora, o que lhe deu essa autoridade de chamar a si mesmo de iluminado? Terá sido porque se tornou o censor? E o censor diz: "Isto está certo, isto está errado, isto é bom, isto é mau, tenho de fazer isto, não devo fazer aquilo" — o que é o resultado do seu condicionamento, do condicionamento da sociedade, da cultura, da religião, da família, de toda a raça, e assim por diante.

Assim, o observador é o censor, condicionado segundo o seu ambiente. E ele assumiu a autoridade do analista. E o resto dos fragmentos também está assumindo a sua autoridade; cada fragmento tem sua própria autoridade, e assim há luta. Dessa maneira, há conflito entre o observador e o observado. Para ficar livre desse conflito, você tem de descobrir se pode olhar sem os olhos de censor. Isso significa estar consciente, ter consciência de que os olhos do censor são o resultado do seu condicionamento. E podem esses olhos olhar com liberdade, olhar inocente e livremente?

❖

Pode a mente livrar-se de todo esse condicionamento?... Estou condicionado pela cultura que existe há milhares de anos... Podem as células cerebrais livrar-se de todo condicionamento como o observador, como uma entidade que se conforma, como uma entidade que está condicionada pelo ambiente, pela cultura, pela família, pela raça? Se a mente não está livre do condicionamento, ela nunca poderá estar livre do conflito e, portanto, da neurose... A menos que sejamos inteiramente livres, somos um povo desequilibrado. A partir do nosso desequilíbrio, fazemos todo tipo de travessuras.

Portanto, a maturidade é a liberdade do condicionamento. E essa liberdade, obviamente, não é o resultado do observador, que é a própria fonte de toda memória, de todo pensamento. Acaso posso olhar com olhos que nunca sofreram a influência do passado? E isso é sensatez. Você pode olhar para a nuvem, para a árvore, para a sua esposa, o seu marido, o seu amigo sem uma imagem? Ter consciência de que você tem uma imagem é a primeira coisa, não é verdade? Ter consciência de que está olhando para a vida através de uma fórmula, através de uma imagem, através de conceitos que são todos fatores de distorção. E ter consciência disso sem opção. E enquanto o observador está consciente dessas coisas, há distorção. Portanto, você pode olhar, a mente pode observar sem o censor? Pode ouvir sem nenhuma interpretação, sem nenhuma comparação, sem julgamento, sem avaliação — pode ouvir a brisa, o vento, sem nenhuma interferência do passado?

## *Saanen, 13 de Julho de 1975*

O pensamento é a resposta da memória à experiência e ao conhecimento; portanto, estamos sempre atuando no campo do conhecimento. Este não modificou o homem. Tivemos milhares de guerras; milhões de seres humanos sofreram, choraram, e continuamos insistindo em guerras! O conhecimento da guerra não nos ensinou nada, exceto, talvez, como matar, com mais eficácia, numa escala mais ampla. O conhecimento não modificou o homem; aceitamos a divisão, as nacionalidades. Aceitamos essa divisão, embora ela inevitavelmente traga conflito entre as nações; aceitamos a injustiça, a crueldade que o pensamento trouxe por meio do conhecimento. Estamos destruindo espécies de animais: cinqüenta milhões de baleias foram mortas desde o início deste século. O homem destrói tudo aquilo em que toca. Portanto, o pensamento que é a resposta à memória, à experiência e ao conhecimento não modificou o homem, embora tenha criado um mundo tecnológico extraordinário.

Só quando a mente compreende a limitação, a estreiteza, a finitude do pensamento ela pode fazer a pergunta: o que é a verdade? Isso está claro? Eu não aceito a verdade dada pelos filósofos — eles fazem o jogo deles. Filosofia significa o amor da verdade, não o amor do pensamento. Portanto, não há autoridade — Platão, Sócrates, Buda. E o cristianismo não se aprofundou no assunto. Ele brincou com palavras e símbolos, fez do sofrimento e de todo o resto uma paródia. Portanto, a mente rejeita tudo isso.

Então, qual é a verdade?... Vocês têm de suar sangue, têm de entregar-se de coração à questão, não só aceitar alguma tolice. Vocês têm a capacidade de investigar, não a capacidade cultivada pelo tempo, como aprender uma técnica, mas a capacidade que surge quando se preocupam de verdade em descobrir a verdade, quando buscam profundamente, quando essa descoberta for uma questão de vida ou morte — vocês entendem?

## *De* Krishnamurti para Si Mesmo, *25 de Fevereiro de 1983*

Há uma árvore perto do rio e nós a estamos observando dia após dia por algumas semanas, na hora do nascimento do sol. À medida que o sol surge lentamente no horizonte, acima das árvores, essa árvore particular torna-se subitamente dourada. Todas as suas folhas estão brilhantes e cheias de vida, e, à medida que você as observa enquanto as horas passam, essa árvore, cujo nome não importa — o que importa é a bela árvore —, a observação parece difundir uma qualidade extraordinária por toda a terra, sobre o rio. E quando o sol nasce e se eleva um pouco mais, as folhas começam a se agitar, a dançar. E cada hora parece dar a essa árvore uma qualidade diferente. Antes de o sol nascer, ela transmite uma sensação sombria, silenciosa, distante, repleta de dignidade. E quando o dia começa, as folhas banhadas de luz dançam e dão aquela sensação peculiar que temos ao ver uma grande beleza. Ao meio-dia, sua sombra se aprofunda e você pode sentar-se protegido do sol, sem nunca se sentir solitário, tendo a árvore como companhia. E quando está sentado ali, há um relacionamento de profunda segurança e liberdade que só as árvores podem conhecer.

Ao entardecer, quando o céu poente está iluminado pelo pôr-do-sol, a árvore gradualmente se torna escura, negra, fechando-se em si mesma. O céu se torna vermelho, amarelo, verde, mas a árvore fica quieta, oculta, e descansa durante a noite.

Se vocês se relacionarem com ela, vocês se relacionarão com a humanidade. Então, vocês serão responsáveis por aquela árvore e pelas árvores do mundo. Mas se não se relacionarem com as coisas vivas desta terra, poderão perder todo vínculo que têm com a humanidade, com os seres humanos. Nunca olhamos em profundidade para a qualidade da árvore; nunca a tocamos de verdade, nunca sentimos sua solidez, seu tronco áspero, nunca ouvimos o som que faz parte da árvore. Não o som do vento passando por entre as folhas, não o som da brisa matutina que agita as folhas, mas o seu próprio som, o som do tronco e o som silencioso das raízes. Vocês têm de ser extraordinariamente sensíveis para ouvir o som. Este som não é o ruído do mundo, não é o ruído da tagarelice da mente, não é a vulgaridade das discussões e dos conflitos humanos, mas o som como parte do universo.

É estranho que tenhamos tão pouco relacionamento com a natureza, com os insetos, com o sapo que salta e com a coruja que se esconde nas montanhas, chamando seu companheiro. Nunca parecemos sensíveis às coisas vivas da terra. Se pudermos criar uma profunda e duradoura relação com a natureza, nunca mataremos animais para saciar nosso apetite, nem faremos o mal, nem dissecaremos um macaco, um cão, uma cobaia para nosso benefício. Descobriremos outros meios para nos curar de nossas doenças, para curar nosso corpo. Mas a cura da mente é algo totalmente diverso.

Essa cura acontece gradualmente, se vocês forem um com a natureza, com aquela laranja na árvore, com a folha de grama que irrompe através do cimento e com as montanhas cobertas, escondidas pelas nuvens.

Isso não é imaginação sentimental ou romântica, mas a realidade de um relacionamento com tudo o que vive e se move sobre a terra. O homem matou milhões de baleias e ainda continua matando-as. E tudo o que tiramos de sua matança pode ser adquirido por outros meios. Mas, aparentemente, o homem gosta de matar coisas: o gamo em fuga, a maravilhosa gazela e o grande elefante. Gostamos de matar uns aos outros. A matança de outros seres humanos nunca parou através da história da vida do homem nesta terra. Se pudermos — e devemos fazer isso —, estabelecer um profundo, permanente e duradouro relacionamento com a natureza, com as verdadeiras árvores, os arbustos, as flores, a grama e as nuvens que se movimentam ligeiras, então nunca mais mataremos nenhum outro ser humano, por nenhuma razão. Assassinato organizado é guerra.

## *Brockwood Park,*
## *4 de Setembro de 1980*

*Questionador*: Por que sempre há morte e sofrimento no equilíbrio da natureza?

*Krishnamurti*: Por que o homem matou cinqüenta milhões de baleias? Cinqüenta milhões — vocês entenderam? E ainda continuamos matando todo tipo de espécies — os tigres, os chitas, os leopardos e os elefantes estão se extinguindo — eles são mortos pela sua carne, pelas suas presas; vocês conhecem o fato. Não será o homem um animal muito mais perigoso do que o resto dos animais? E vocês querem saber por que há morte e sofrimento na natureza. Vocês vêem um tigre matar uma vaca ou um gamo. Esse é o modo natural de vida; no entanto, no momento em que interferimos nele, ele se transforma numa verdadeira crueldade. Vocês viram filhotes de baleia ser abatidos com uma pancada na cabeça? Quando houve um grande protesto contra esse fato, as uniões disseram que temos de viver desta maneira. Vocês sabem de tudo isso.

Sendo assim, quando começaremos a entender o mundo à nossa volta e o mundo dentro de nós? O mundo interior é tão enormemente complexo que preferimos entender primeiro o mundo da natureza... Se começássemos por nós mesmos, não matando, não ferindo, não sendo violentos, não sendo nacionalistas, mas sentindo amor pela humanidade como um todo, talvez tivéssemos um relacionamento apropriado entre nós e a natureza. Agora, estamos destruindo a terra, o ar, o mar, as criaturas do mar porque somos o maior perigo para o mundo, com nossas bombas atômicas — vocês sabem, todo esse tipo de coisas.

*Questionador*: O senhor diz que somos o mundo, contudo o mundo parece estar rumando para uma destruição em massa. Uma minoria de pessoas integradas poderá superar a maioria?

*Krishnamurti*: Vocês são a minoria? Não, eu não estou brincando. Somos a minoria? Ou há alguém entre nós que esteja totalmente livre de tudo isso? Ou estamos parcialmente contribuindo para o ódio dos outros? Psicologicamente. Vocês talvez não sejam capazes de impedir a Rússia ou a América do Norte, a Inglaterra ou o Japão de atacarem outro país, mas psicologicamente estamos livres de nossa herança comum, que é nosso nacionalismo tribal, glorificado? Estamos livres da violência? A violência existe onde existe um muro ao nosso redor. Por favor, procurem entender tudo isso. E construímos muros em volta de nós, muros de dez pés de altura e de quinze pés de espessura. E todos nós estamos cercados de muros. E disso surge a violência, o senso de imensa solidão. Assim a minoria e a maioria são vocês. Se um grupo de nós fundamentalmente tivesse se transformado psicologicamente, vocês nunca fariam essa pergunta, porque então seríamos algo totalmente diferente.

*Questionador*: Se há verdade e ordem supremas, por que elas permitem que a humanidade se comporte de modo tão chocante?

*Krishnamurti*: Se existe uma tal entidade suprema, ela deve ser muito estranha porque nos criou e então fazemos parte dela — está certo? E se fosse organizada, sadia, racional, piedosa, não seríamos como somos. Vocês podem aceitar o processo evolucionário do homem, ou acreditarem que o homem apareceu subitamente criado por deus. E deus, essa entidade suprema, é ordem, é bondade, é compaixão e todo o resto, todos os atributos que nós lhe dermos. Assim, vocês têm essas duas escolhas; que há uma entidade suprema que fez o homem de acordo com sua imagem, ou que existe um processo evolucionário do homem, que a vida criou a partir das pequenas moléculas, e assim por diante, até chegar ao momento presente.

Se vocês aceitarem a idéia de deus, da pessoa suprema na qual existe a ordem total, vocês fazem parte dessa entidade, então essa pessoa deve ser extraordinariamente cruel, certo? — extraordinariamente intolerante para nos fazer comportar do modo como estamos fazendo, destruindo uns aos outros.

Ou há a outra idéia, a de que o homem criou o mundo como ele é; seres humanos fizeram este mundo, o mundo social, o mundo do relacionamento, o mundo tecnológico, o mundo da sociedade — nosso relacionamento uns com os outros. Nós — não deus, nem alguma entidade suprema —, nós fizemos o mundo. Somos responsáveis por este horror que temos perpetuado. E confiar num agente exterior determinado para transformar tudo isso? Esse jogo tem sido jogado por milênios, e vocês ainda são os mesmos! Talvez um pouco mudados, um pouco mais gentis, um pouco mais tolerantes — no entanto, a tolerância é algo terrível.

# *Madras, 6 de Janeiro de 1981*

*Questionador*: O senhor falou de nos insurgirmos contra a sociedade corrupta e imoral. Para mim, é importante obter mais explicações.

*Krishnamurti*: Em primeiro lugar, estamos certos sobre o que a palavra *corrupção* implica? Há a corrupção física da poluição do ar, nas cidades, nas cidades industriais. Estamos destruindo o mar, estamos matando milhões de baleias e de filhotes de baleias. Há a poluição física no mundo e há sua superpopulação. Então há a corrupção política, religiosa e assim por diante. A que profundidade esta corrupção está no cérebro humano, nas atividades humanas? Temos de ser muito claros quando falamos sobre corrupção, sobre o que queremos dizer com essa palavra e em que nível estamos falando sobre ela.

Há corrupção por todo o mundo. E mais ainda, infelizmente, nesta parte do mundo — passando dinheiro por baixo da mesa, tendo de subornar para obter entradas — vocês conhecem todos os jogos que há neste país. O verbo *corromper* significa dissolver; corrupção não só de comunidades e estados contra outras comunidades e estados, mas basicamente corrupção do cérebro e do coração. Assim, temos de ser claros sobre o nível em que falamos sobre corrupção: no nível financeiro, no nível burocrático, no nível político ou no nível religioso — os quais estão repletos de superstição de todos os tipos, sem nenhum sentindo, apenas uma série de palavras que perderam todo o significado, tanto no mundo cristão como no mundo Oriental. A repetição de rituais, vocês sabem que ela continua. Isso não será corrupção? Por favor, falemos sobre isso.

Acaso os ideais não são uma forma de corrupção? Podemos ter ideais, digamos, por exemplo, o ideal da não-violência. Quando vocês têm ideais de não-violência que tentam pôr em prática, nesse meio tempo vocês são violentos. Certo? Dessa forma, essa não é a corrupção de um cérebro que desconsidera a ação para acabar com a violência? Isto parece muito claro.

Acaso existe corrupção quando não existe nenhum amor, mas só prazer, com o seu sofrimento? Há excesso de resistência em todo o mundo contra essa palavra; estando associada ao sexo, ao prazer, à ansiedade, ao ciúme e ao apego, isso não será corrupção? O apego não será em si mesmo uma corrupção? Quando estamos apegados a um ideal, a uma casa ou a uma pessoa, as conseqüências são o ciúme, a ansiedade, a possessividade, o domínio.

Assim, a questão se resume basicamente na sociedade em que vivemos, que é essencialmente baseada no relacionamento com o outro. Se não há amor, apenas exploração mútua, conforto sexual mútuo e várias espécies de conforto, esse relacionamento inevitavelmente terá de provocar corrupção. Assim, o que farão a respeito? Essa é de fato a questão. O que farão, como seres humanos que vivem neste mundo, que é um mundo maravilhoso? A beleza da terra, a sensação da qualidade extraordinária de uma árvore — estamos destruindo a terra, estamos nos destruindo: portanto, o que vocês farão como seres humanos que vivem aqui? Cada um de nós terá de tomar cuidado para não se tornar corrupto. Criamos a abstração a que chamamos sociedade. Se o nosso relacionamento, de uns com os outros, for destrutivo — luta, batalha, dor, desespero constante — criaremos inevitavelmente um ambiente que representará tudo o que somos. Assim sendo, o que faremos a respeito, cada um de nós? Será esta corrupção, este senso de falta de integridade uma abstração? Será uma idéia ou um fato real que queremos mudar? Depende de vocês.

*Questionador*: Existe de fato esta coisa chamada transformação? O que há para ser transformado?

*Krishnamurti*: Quando vocês estão observando, olhando ao redor de vocês, a sujeira na rua, os políticos e o modo como se comportam, a sua própria atitude diante de suas esposas e filhos, e assim por diante — nesse momento, há transformação. Vocês entendem? Pôr algum tipo de ordem na vida diária, isso é transformação, não algo extraordinário, no mundo exterior. Isto é — quando não estamos pensando clara, objetiva, sadia e racionalmente —, temos de ter consciência disso, e mudar, destruir esse pensamento. Isso é transformação. Se estou com ciúme, tenho de analisar esse sentimento, e não deixá-lo tomar vulto. Mude-o imediatamente. Isso é transformação. Quando vocês são gananciosos, violentos, ambiciosos — seja tentando tornar-se algum tipo de deus ou de homem santo, seja nos negócios —, procurem ver esse negócio da ambição como um todo, segundo o modo como a ambição está criando um mundo desumano. Não sei se estão conscientes de tudo isto. A competição está destruindo o mundo, que está se tornando cada vez mais agressivo. Se estiverem conscientes, mudem-no imediatamente. Isso é transformação.

*Questionador*: O senhor diz que, se um indivíduo mudar, ele pode transformar o mundo. No entanto, apesar da sua sinceridade, de seu amor, de sua clareza e desse poder que não pode ser descrito, o mundo passou de mau para pior. Existe algo como o destino?

*Krishnamurti*: O que é o mundo? O que é o indivíduo? O que os indivíduos fizeram que influenciou o mundo? Hitler influenciou o mundo. Certo? Mao Tsé-tung, Stálin, Lênin e Lincoln influenciaram o mundo e também, de forma totalmente diferente, Buda. Uma pessoa matou milhões e milhões de pessoas. Todos os fomentadores de guerras, todos os generais mataram, mataram, mataram. Isso afetou o mundo. Nos últimos cinco mil anos de história, desde o período em que começou a haver registros históricos, houve uma guerra a cada ano, que afetou milhões de pessoas. E, então, vocês têm o Buda: ele também influenciou a mente humana, o cérebro humano, por todo o Oriente. E houve os que corromperam as pessoas. Assim, quando perguntamos se a mudança individual pode provocar transformação na sociedade, acho que esta é a pergunta errada a ser feita.

Estaremos de fato preocupados com a transformação da sociedade? Se analisarem a questão com seriedade, estaremos realmente preocupados? Essa sociedade corrupta, imoral, baseada na competição e na desumanidade — a sociedade em que estamos vivendo —, estão vocês profundamente interessados em mudar isso, mesmo como um único ser humano? Se estiverem, não analisaram o que é a sociedade. Sociedade é uma palavra? É uma realidade, ou é uma abstração? Vocês entendem? Uma abstração do relacionamento humano. É o relacionamento humano que é a sociedade. Esse relacionamento, com todas suas complexidades, contradições e ódios — vocês podem alterar tudo isso? Podem. Podem parar de ser cruéis, vocês sabem, e tudo o mais. O que o relacionamento de vocês é, o ambiente de vocês também é. Se o seu relacionamento é possessivo e egoísta, vocês estão criando algo ao redor de vocês que também será igualmente destrutivo. Assim, o indivíduo é você; vocês são como o resto da humanidade. Não sei se compreendem isto. Psicologicamente, interiormente, vocês sofrem. Vocês estão ansiosos, são solitários, competitivos; tentam ser algo, e este é o fator comum por todo o mundo. Todo ser humano no mundo está fazendo isso; portanto, vocês são de fato como o resto da humanidade. Se perceberem isso, e se provocarem um modo diferente de viver em si mesmos, estão influenciando a consciência da humanidade como um todo. Isso se forem de fato sérios e se dedicarem a fundo. Se não fizerem isto, está certo, vocês decidem.

## *Saanen, 29 de Julho de 1981*

*Questionador*: Como a idéia "vocês são o mundo e são inteiramente responsáveis pela humanidade como um todo" pode ser justificada numa base racional, objetiva e benéfica?

*Krishnamurti*: Não tenho certeza se pode ser racionalizada numa base objetiva, benéfica. Mas examinaremos primeiro, antes de dizermos que não pode!

Em primeiro lugar, a terra em que vivemos é a nossa terra — certo? Não é a terra inglesa, a terra francesa, ou alemã, russa, indiana, chinesa; é a nossa terra, em que estamos todos vivendo. Este é um fato. Mas o pensamento a dividiu racial, geográfica, cultural e economicamente. Essa divisão está causando confusão no mundo — isso é óbvio. Não se nega isso. Essa afirmação é racional, objetiva, sadia. Esta é a nossa terra em que todos estamos vivendo, mas nós a dividimos — por segurança, por vários motivos patrióticos, políticos, ilusórios que, finalmente, trarão a guerra.

Nós também dissemos que toda consciência humana é semelhante. Todos nós, seja qual for a parte do mundo em que vivamos, passamos por uma grande dose de sofrimento, de dor, de ansiedade, de incerteza, de medo. E, uma vez ou outra, talvez até com freqüência, temos prazer. Este é o chão comum sobre o qual estão todos os seres humanos, certo? Este é um fato irrefutável. Podemos tentar nos esquivar dele, podemos tentar dizer que não é, que sou um indivíduo e assim por diante, mas quando olhamos para a questão objetivamente, de modo impessoal, descobrimos que a nossa consciência, psicologicamente, é como a consciência de todos os seres humanos. Vocês podem ser altos, podem ser loiros, ter cabelos castanhos; eu posso ser branco ou preto, ou cor-de-rosa, ou de qualquer cor — mas, por dentro, estamos todos passando por um período difícil. Todos temos uma sensação de solidão desesperada. Vocês podem ter filhos, um marido, família, mas, quando estão sozinhos, têm a sensação de que não têm relacionamento com coisa nenhuma. Sentem-se totalmente isolados. A maioria de nós tem essa sensação. Este é o solo comum de toda humanidade. E seja lá o que for que aconteça no campo dessa consciência, nós somos os responsáveis. Isso é, se eu sou violento, estou adicionando violência a essa consciência que é comum a todos nós. Se eu não sou violento, não estou adicionando nada a ela; estou trazendo um fator totalmente novo a essa consciência. Desse modo, sou profundamente responsável: ou contribuo para essa violência, para essa confusão, ou, como reconheço no fundo do meu coração, no meu sangue, nas profundezas do meu ser que eu sou o resto do mundo, que eu sou a humanidade, que eu sou o mundo, que o mundo não é separado de mim, então me torno totalmente responsável. É óbvio! Isto é racional, objetivo, sensato. A outra hipótese é insanidade — chamar a si mesmo um hindu, um budista, um cristão e tudo o mais — estes são apenas rótulos.

Quando se tem o sentimento de que a realidade, a verdade de que todo ser humano que vive nesta terra é responsável não só por si mesmo, mas por tudo o que está acontecendo, como traduzir isso para a vida diária? Esse sentimento de vocês não é uma conclusão intelectual, um ideal, etc. Então ele não tem realidade. Mas se a verdade é que estão pisando no chão comum a toda a humanidade, e se se sentem totalmente responsáveis, então, qual é a ação de vocês diante da sociedade, diante do mundo em que estão de fato vivendo? O mundo, como existe agora, está cheio de violência. Suponham que eu compreenda que sou totalmente responsável por ela. Qual é a minha ação? Devo me juntar a um grupo de terroristas? É claro que não. A competitividade clara entre as nações está destruindo o mundo. Quando me sinto responsável por isso, naturalmente deixo de ser competitivo. E o mundo religioso, bem como o econômico, o mundo social, está baseado num princípio hierárquico. Também tenho este conceito de estrutura hierárquica? Obviamente não, porque aquele que diz "eu sei" está adotando uma posição superior e tem um *status*. Se vocês querem esse *status* vão procurá-lo; mas estão contribuindo para a confusão do mundo.

Portanto, há ações reais, objetivas, sensatas quando vocês percebem, quando compreendem, no âmago de seus corações, que são como o resto da humanidade, e que estamos todos pisando no mesmo chão.

## *De* Das Trevas para a Luz

### A canção da vida

Não ame o galho que se desenvolveu,
Nem guarde apenas a sua imagem em seu coração.
Ela morre.

Ame a árvore toda.
Depois, poderá amar o galho bem formado,
A folha tenra e a folha murcha,
O tímido botão e a flor desabrochada,
A pétala que cai e a copa dançante,
A sombra esplêndida do amor pleno.

Ah! Ame a Vida em sua plenitude.
Ela não conhece a dissolução.

# *De* Krishnamurti para Si Mesmo, *6 de Maio de 1983*

Sentado na praia, eu observo as pessoas passando: dois ou três casais e uma mulher sozinha. Parece que toda a natureza, tudo à minha volta, desde o mar azul-escuro até aquelas montanhas rochosas, também está observando. Estamos observando, não esperando que alguma coisa aconteça, simplesmente observando, sem parar. Nessa observação há aprendizado, não o acúmulo de conhecimento através do aprendizado quase automático; mas a observação é atenta, nunca superficial, mas profunda, com suavidade e ternura; então, não existe observador. Quando existe um observador, trata-se apenas de observação do passado, e isso não é observação, é apenas recordação, e diz respeito muito mais à matéria morta. Observar é algo muito vivo, todo momento é um vazio. Esses pequenos siris e essas gaivotas, todos esses pássaros que voam estão observando. Eles procuram uma presa, procuram peixes, procuram algo para comer; eles também estão observando. Alguém passa perto de você e fica imaginando o que você está observando. Você observa o nada e no nada há tudo.*

Outro dia, deparei com um homem que viajara muito, vira muitas coisas e escrevera uma ou outra coisa — um homem envelhecido de barba muito bem cuidada. Estava decentemente vestido, sem a superficialidade da vulgaridade. Cuidava dos seus sapatos, de suas roupas. Falava muito bem inglês, embora fosse um forasteiro. E, para o homem que estava sentado na praia observando, ele disse que falara com um grande número de pessoas, que discutira com alguns professores e eruditos, e que, enquanto estava na Índia, havia conversado com alguns dos pânditas. E, ao que parece, a maioria deles, segundo ele, não estava preocupada com a sociedade, não se dedicava com profundidade a qualquer reforma social ou à presente crise da guerra. Ele estava muito preocupado com a sociedade em que estamos vivendo, embora não fosse um reformador social. Ele não tinha certeza de que a sociedade poderia ser mudada, de que ele pudesse fazer algo a respeito. Mas percebia o que estava acontecendo: a grande corrupção, o absurdo dos políticos, a insignificância, a vaidade e a brutalidade que é excessiva no mundo.

Ele disse: "O que podemos fazer por esta sociedade? Não pequenas reformas aqui e ali, troca de um presidente por outro, de um primeiro-ministro por outro — eles todos pertencem mais ou menos à mesma massa; eles não podem fazer muito porque representam a mediocridade, ou até mesmo menos do que isso, a vulgaridade; eles querem se exibir; nunca farão nada. Farão pequenas reformas insignificantes aqui e ali, mas a sociedade continuará existindo a despeito deles." Ele observara várias sociedades e culturas. Fundamentalmente, elas não são tão diferentes. Ele parecia ser um homem muito sério mesmo sorrindo, e falou sobre a beleza deste país, sobre a amplidão, a variedade dos quentes desertos até as altas Montanhas Rochosas com seu esplendor. Ouvi-o falar e observei o mar.

A sociedade não pode ser modificada a menos que o homem mude. Homem, você e os outros criaram essas sociedades por gerações e gerações; todos nós criamos essas sociedades a partir da nossa insignificância, da nossa estreiteza, a partir da nossa limitação, da nossa ganância, da nossa inveja, da nossa brutalidade, da nossa violência, da nossa competição e assim por diante. Somos responsáveis pela mediocridade, pela estupidez, pela vulgaridade, por toda loucura tribal e pelo sectarismo religioso. A menos que cada um de nós mude radicalmente, a sociedade nunca mudará. Ela existe, nós a fizemos, e, depois, ela nos faz. Ela nos forma assim como a formamos. Ela nos coloca num molde e o molde se põe numa estrutura que é a sociedade.

Assim, essa ação continua interminavelmente, como o mar com a maré cheia e vazante, algumas vezes muito lenta, outras vezes rápida demais, perigosa. Maré cheia e maré baixa; ação, reação, ação. Esta parece ser a natureza do movimento, a menos que haja uma ordem profunda em nós mesmos. Essa mesma ordem trará ordem à sociedade não através da legislação, dos governos e de toda essa azáfama — embora, enquanto houver desordem, confusão, a lei e a autoridade que foram criadas pela nossa desordem continuarão a existir. A lei é uma criação do homem, como o é a sociedade — o produto do homem é a lei.

Portanto, o interior, a psique cria o exterior de acordo com a sua limitação; e o exterior, então, controla e molda o interior. Os comunistas pensaram, e é provável que ainda pensem que, controlando o exterior, criando determinadas leis, regulamentos, instituições, certas formas de tirania, eles podem mudar o homem. Mas até agora não foram bem-sucedidos, e nunca terão sucesso. Esta também é a atividade do Socialismo. Os capitalistas fazem isso de outra maneira, mas é tudo a mesma coisa. O interior sempre supera o exterior, pois o interior é muito mais forte, muito mais vital do que o exterior.

Poderá este movimento ter fim — a criação psicológica interior do movimento exterior, e o exterior, a lei, as instituições, as organizações, tentando moldar o homem, o cérebro, no sentido de agir de certo modo, e o cérebro, o interior, a psique, então mudando o exterior, e tirando vantagem dele? Este movimento tem continuado desde que o homem está na terra, a crueldade, a superficialidade, algumas vezes de modo brilhante — sempre existe o interior superando o exterior, como o mar com suas marés em fluxo e refluxo. Devemos de fato indagar se esse movimento pode cessar um dia — ação e reação, ódio e mais ódio, violência e mais violência. Há um fim quando há apenas observação, sem nenhum motivo, sem resposta, sem direção.

A direção começa a existir quando há acumulação. Mas, na observação em que há atenção, consciência, e um grande sentido de compaixão, há uma inteligência própria. Essa observação e essa inteligência atuam. E essa ação não é o fluxo nem o refluxo. No entanto, ver as coisas sem a palavra, sem um nome, sem nenhuma reação exige grande atenção; nessa observação há uma grande vitalidade, há paixão.

## *Madras, 27 de Dezembro de 1981*

Estivemos falando sobre o conflito, e se todos os seres humanos que viveram nesta terra, com todos os seus amplos tesouros, viveram em perpétuo conflito. Não só exteriormente com o ambiente, com a natureza, mas uns com os outros, e interiormente, com a assim chamada espiritualidade; nós temos estado em constante conflito. Desde o momento em que nascemos até o momento em que morremos estamos em conflito. E somos instigados a tê-lo; nós nos acostumamos com ele; nós o toleramos. Descobrimos muitos motivos pelos quais devemos viver em conflito. Pensamos que a luta e o esforço constantes significam progresso, progresso exterior, ou conquista interior rumo ao objetivo mais elevado.

Este belo país, a Índia, tem montanhas adoráveis, montanhas maravilhosas, rios caudalosos. Mas depois de milhares de anos de sofrimento, de luta, de obediência, de aceitação, nos destruindo mutuamente, nós o reduzimos a isto, à selvageria de seres humanos irresponsáveis, que não se preocupam com a terra, nem com as coisas adoráveis da terra, com a beleza do lago, com o rio que corre ligeiro. Nenhum de nós parece se importar. E tudo o que nos preocupa são nossos pequenos eus, nossos pequenos problemas. Dá vontade de chorar ao ver o que estamos fazendo com este país e ao ver o que os outros países estão fazendo.

A vida se tornou extraordinariamente perigosa, insegura, sem qualquer sentido. Vocês podem inventar muitos significados, mas a vida cotidiana atual perdeu todo o seu sentido, exceto para ganhar dinheiro, ser alguém, ser poderoso e assim por diante.

E não há político, quer da esquerda, quer da direita ou do centro, que resolva qualquer de nossos problemas. Os políticos não estão interessados em resolver problemas. Eles apenas se preocupam consigo mesmos e em manter sua posição. E os gurus e religiosos também traíram os homens. Vocês seguiram os Upanishads, os Brahmasutras e o Bhagavad Gita; e há o jogo do guru de ler esses livros em voz alta para uma audiência de supostos iluminados, de pessoas inteligentes. Portanto, é possível que vocês não possam confiar nos políticos, ou seja, no governo, nem nas escrituras, tampouco em nenhum guru, porque eles fizeram este país ser o que é agora. Se procurarmos por outra liderança, esta também nos levará pelo caminho errado. E visto que não há ninguém que possa nos ajudar, temos de ser total, completamente responsáveis pela nossa conduta, pelo nosso comportamento e pelas nossas ações.

Este país sempre discutiu a não-violência. Isto tem sido pregado repetidas vezes, política e religiosamente, por vários líderes, mas a não-violência não é um fato, é uma mera idéia, uma série de palavras. O fato real é que vocês são violentos. Isto é verdade. E não somos capazes de entender "o que é", e por isso criamos esta loucura chamada não-violência. Então surge um conflito entre "o que é" e "o que deveria ser". E enquanto vocês estão perseguindo a não-violência, estão semeando a violência durante todo o tempo. Novamente, isto é muito evidente. Assim, podemos olhar juntos para "o que é" sem qualquer fuga, sem quaisquer ideais, sem suprimir ou fugir disso? Somos violentos por herança dos animais, do macaco e assim por diante. A violência assume várias formas, não meramente ação brutal; trata-se de um assunto muito complicado. A violência é imitação, é conformismo, é obediência; violência é pretenderem ser o que não são; essa é uma forma de violência. Por favor, vejam a lógica de tudo isso. Não é que estejamos fazendo afirmações para que vocês as aceitem ou as neguem. Estamos descendo por um caminho, numa floresta, por campos adoráveis, juntos, investigando sobre a violência, como dois amigos que discutem os fatos, sem qualquer persuasão, sem qualquer sentido de resolução do problema. Estamos falando juntos, estamos analisando juntos. Estamos caminhando pelo mesmo caminho, não o seu caminho ou o meu, mas o caminho da investigação desses problemas.

Assim, nós aprendemos juntos a observar. Vocês não são os seguidores do palestrista, ele não é o seu guru, graças a deus; não há superior nem inferior nesta análise. Não existe autoridade. Quando a sua mente está mutilada devido à autoridade, é muito difícil analisar a violência. Assim, é importante entender como observar o que está acontecendo no mundo; a miséria, a confusão, a hipocrisia, a falta de integridade, as ações brutais que acontecem, os terroristas, as pessoas que fazem reféns, e os gurus que têm seus próprios campos de concentração! Tudo isso é violência. Como alguém pode dizer, "eu sei, sigam-me"? Esta é uma afirmação escandalosa. Assim, estamos observando juntos o que é a violência, e nos perguntando: o que há para observar? O que é observar o ambiente em volta de vocês: as árvores, o lago na esquina, as estrelas, a lua nova, o planeta Vênus solitário, a estrela vespertina, a glória do pôr-do-sol? Como vocês observam? Vocês não podem observar, não podem olhar, se estiverem ocupados consigo mesmos, com seus próprios problemas, com suas idéias, com seu raciocínio complexo, certo? Vocês não podem observar se tiverem preconceitos, ou se houver qualquer tipo de conclusão ou experiência particular à qual se apegam. Portanto, como vocês observam essa coisa maravilhosa chamada árvore? Como olham para ela agora, enquanto estão sentados aí, cercados por estas árvores? Vocês viram suas folhas agitando-se ao vento, a beleza da luz nas folhas; será que atentaram para isso? Portanto, vocês podem olhar para uma árvore, ou para a lua nova, ou para uma única estrela no céu sem usar nenhuma palavra? Pois a palavra não é a verdadeira estrela, a verdadeira lua. Vocês podem deixar o mundo de lado e olhar?

Vocês podem olhar para suas esposas sem usar nenhuma palavra, sem todas as lembranças do seu relacionamento, por mais íntimo que tenha sido, sem nenhuma lembrança? Podem olhar para suas esposas, para seus maridos, sem a lembrança do passado? Já fizeram isso alguma vez? Por favor, vamos aprender juntos a observar uma flor. Se souberem como olhar para a flor, verão que ela contém a eternidade. Não se deixem levar pelas minhas palavras! Se souberem como olhar para um estrela, para uma densa floresta, então, nessa observação haverá espaço, haverá eternidade. Temos de descobrir juntos como observar suas esposas os seus maridos sem a imagem que criaram a respeito dele ou dela. Vocês têm de começar bem perto para irem muito longe. Se não começarem com o que está perto, nunca irão muito longe. Se quiserem subir à montanha ou ir à cidade próxima, o primeiro passo é importante; como andam, com que graça, com que facilidade, com que felicidade. Assim estamos dizendo que, para ir muito, muito longe — o longe que é a eternidade —, vocês terão de começar muito próximo — o próximo é o relacionamento com os seus parceiros. Vocês conseguem observar sua família com visão clara, sem as palavras "minha esposa", ou "meu marido", "meu sobrinho" ou "meu filho"? Sem a palavra, sem todas as mágoas acumuladas e a lembrança de coisas que já passaram. Façam isso agora. Observem. E, quando forem capazes de observar todas as imagens que construíram em torno de si mesmos e em torno deles, então existirá o relacionamento correto.

Quando vocês viverem todos os dias com "o que é" e observarem "o que é", não só exterior mas interiormente, então criarão uma sociedade sem conflitos.

## *Bombaim, 24 de Janeiro de 1982*

Iremos analisar juntos o relacionamento entre um ser humano e a natureza, ou seja, o relacionamento entre vocês mesmos e o ambiente. O ambiente não é apenas a cidade ou a aldeia ou vila em que vocês vivem, mas também o ambiente da natureza. Se vocês não se relacionam com a natureza, não têm relacionamento com o homem. A natureza são as campinas, os bosques, os rios, e a terra maravilhosa, as árvores, e a beleza da terra. Se não tivermos um vínculo com isso, não teremos relacionamento uns com os outros. Já que o pensamento não criou a natureza, ele não fez o tigre nem o céu encrespado da noite com as estrelas. O pensamento não criou as montanhas cobertas de neve contra o céu azul, o pôr-do-sol e a luz solitária quando não há outras estrelas. Desse modo, o pensamento não criou a natureza.

A natureza é a realidade. O que criamos entre seres humanos também é uma realidade, mas uma realidade em que há conflito, pois há luta, onde todos estão tentando tornar-se alguém. Tanto física como interiormente, espiritualmente, se posso usar esta palavra. Quando se está tentando ser alguém, tentando adquirir *status* político ou religioso, então não se tem relação com outras pessoas, nem com a natureza. Muitos de vocês vivem em cidades com as multidões, os barulhos e a sujeira do ambiente. É provável que não tenham entrado muitas vezes em contato com a natureza. Mas existe um mar esplêndido, e vocês não se relacionam com ele. Vocês talvez olhem para ele, talvez nadem nele, mas a sensação desse mar com a sua enorme vitalidade e energia, a beleza de uma onda quebrando na praia — não há comunicação entre esse maravilhoso movimento do mar e vocês mesmos. E, se não têm relacionamento com isso, como podem ter relacionamento com outro ser humano? Se não perceberem o mar, a qualidade da água, das ondas, a grande vitalidade da maré em fluxo e refluxo, como podem ter consciência, ou serem sensíveis ao relacionamento humano? Por favor, é muito importante entender isso, porque a beleza, se é que podemos falar sobre ela, não está unicamente na forma física, mas a beleza em essência é essa qualidade de sensibilidade, a qualidade da observação da natureza.

## *Ojai, 1º de Maio de 1982*

A crise não é a economia, nem a guerra, nem a bomba, nem os políticos, nem os cientistas; a crise está dentro de nós, a crise está em nossa consciência. Até entenderem com muita profundidade a natureza dessa consciência e a questão, pesquisando-a a fundo e descobrindo por si mesmos se pode haver uma total mutação nessa consciência, o mundo continuará gerando mais miséria, mais confusão, mais horror. A nossa responsabilidade não é algum tipo de ação altruísta, política ou econômica, mas compreender a natureza de nosso ser — porque nós, seres humanos, que vivemos nesta bela e adorável terra, nos tornamos como ela.

Se vocês estão dispostos, se é responsabilidade de vocês, podemos perceber juntos a natureza da nossa consciência, a natureza do nosso ser. Esta não é uma conferência, mas vocês e eu estamos tentando dialogar, não separadamente; estamos tentando observar o movimento dessa consciência e o seu relacionamento com o mundo, quer essa consciência seja individual, separada ou aquela consciência da humanidade como um todo. Somos educados desde a infância para ser indivíduos, com almas separadas — se é que vocês acreditam nesse tipo de coisa. Vocês foram treinados, foram educados e condicionados a pensar como indivíduos. Pensamos porque temos nomes separados, formas separadas — escura, clara, alta, baixa, branca, preta e assim por diante — e temos nossas tendências e experiências particulares, que somos indivíduos separados. Agora iremos questionar essa idéia; nós somos indivíduos?

Isso não significa que somos uma espécie de seres amorfos; mas somos de fato indivíduos? O mundo todo sustenta a idéia de que, tanto religiosamente como de outras maneiras, somos indivíduos separados. E, a partir desse conceito, talvez dessa ilusão, cada um de nós está tentando se realizar, tornar-se alguém, competindo com os outros, lutando com as outras pessoas. Assim, se adotarmos este tipo de vida, inevitavelmente estaremos nos apegando às nacionalidades, ao tribalismo, à guerra. Por que nos apegamos ao nacionalismo e à paixão que ele envolve, que é o que está acontecendo agora? Por que damos tão extraordinária importância ao nacionalismo que, em essência, é tribalismo? Por quê? Será que é porque apegar-se a uma tribo, a um grupo, nos dá certa segurança — não só segurança física mas também psicológica, um senso interior de completude, de plenitude? Se for isso, então a outra tribo sente o mesmo; donde existe divisão e, portanto, conflito, guerra.

Se de fato percebemos a verdade disso, não teoricamente, e se quisermos viver nesta terra, que é a nossa terra, não sua nem minha, nem americana, nem russa, nem hindu, então, não existe nenhum nacionalismo. Há apenas a existência humana. Uma vida — não se trata da sua nem da minha vida; trata-se de viver o todo da vida. Mas essa tradição de individualidade tem sido perpetuada pelas religiões, tanto no Oriente quanto no Ocidente.

Ora, será isso assim? Vocês sabem, é muito bom duvidar, é muito bom ter uma mente que questiona, que não aceita; uma mente que diz: provavelmente não podemos viver mais desta maneira, desta maneira brutal e violenta. Dessa forma, a dúvida, o questionamento tem uma importância extraordinária; não convém aceitar apenas o modo de vida que vivemos talvez durante trinta anos, ou o modo como o homem viveu por um milhão de anos. Assim, estamos questionando a realidade da individualidade.

Ser consciente significa ter percepção, saber, perceber, observar. O conteúdo da consciência é a sua crença, o seu prazer, a sua experiência, o conhecimento particular que vocês juntaram, quer através da experiência externa, quer através dos seus medos, apegos, dores, da agonia da solidão, da tristeza, da busca de algo além da mera existência física; tudo isso é a nossa consciência com seu conteúdo. O conteúdo faz a consciência. Sem conteúdo não existe a consciência como a conhecemos. Essa consciência, que é muito complexa, contraditória, com extraordinária vitalidade, é de vocês? O pensamento é de vocês? Ou existe um único pensamento que não é nem do Oriente nem do Ocidente? Há apenas um único pensamento, que é comum a toda a humanidade, quer seja rica, quer pobre. Os técnicos, com sua extraordinária capacidade, ou os monges que se retiraram do mundo e se consagraram a uma idéia, ainda estão pensando.

Essa consciência será comum a toda a espécie humana? Para onde quer que vamos, vemos sofrimento, dor, ansiedade, solidão, loucura, medo, a premência do desejo. Isso é comum, é o chão em que todos os seres humanos se encontram. A sua consciência é a consciência da humanidade, do resto da humanidade. Se entendermos a natureza disso — que vocês são o resto da humanidade, embora tenhamos nomes diferentes, embora vivamos em partes diferentes do mundo, embora sejamos educados de modos diferentes, embora sejamos ricos ou muito pobres — quando olharem por trás da máscara, vocês são o resto da humanidade: neuróticos, magoados, sofrendo de solidão e desespero, acreditando em algumas ilusões, e assim por diante. Quer vocês se dirijam para o Oriente, quer para o Ocidente, isso é assim. Vocês podem não gostar disso: talvez gostem de pensar que são totalmente independentes, livres, individuais. Mas, quando analisam em profundidade, vocês são o resto da humanidade.

## *Madras, 26 de Dezembro de 1982*

Muitos livros foram escritos sobre o mundo exterior a nós: sobre o ambiente, a sociedade, a política, a economia e assim por diante, mas poucos chegaram ao ponto de dizer o que de fato somos, por que os seres humanos se comportam da maneira que o fazem — matando uns aos outros, seguindo alguma autoridade ou algum livro, alguma pessoa, algum ideal, e não tendo um relacionamento correto com seus amigos, suas esposas, seus maridos e seus filhos. Por que nós, seres humanos, nos tornamos tão vulgares, tão brutais, carecendo completamente de carinho para com os outros, negando todo o processo do que é considerado amor?

E o homem viveu com guerras durante milhares de anos. Estamos tentando deter a guerra nuclear, mas nunca deteremos as guerras. Estas continuam com o povo sendo explorado e o opressor tornando-se o oprimido. Este é o ciclo da existência humana com a tristeza, a solidão, a grande sensação de depressão, o acúmulo de ansiedade, a completa falta de segurança; e não há relacionamento com a sociedade ou com nossos amigos mais íntimos. Não há relacionamento sem conflito, sem discussões e assim por diante. Este é o mundo em que vivemos — estou certo de que o conhecem.

E por todos esses milênios nosso cérebro tem sido condicionado pelo conhecimento. Por favor, não rejeitem nem aceitem o que o orador diz. Questionem, duvidem, sejam céticos. Acima de tudo, não se deixem influenciar pelo orador, porque somos facilmente influenciados, somos muito ingênuos. E se for para falar seriamente sobre esses assuntos, devemos ter uma mente e um cérebro livres para examinar, livres de tendências, de qualquer conclusão, de qualquer opinião ou obstinação. Temos de ter um cérebro que esteja constantemente perguntando, duvidando. Só então poderemos ter um relacionamento com os outros e, assim, poderemos nos comunicar.

## *Ojai, 22 de Maio de 1983*

Procurem ter consciência da beleza de cada dia, de cada nova manhã, da maravilha do mundo; este é um mundo encantador, e nós o estamos destruindo, no nosso relacionamento com os outros e no nosso relacionamento com a natureza, com todas as criaturas vivas desta terra.

❖

Podemos perguntar: no que pensa um cérebro tranqüilo e em silêncio? É apenas por meio do silêncio que vocês aprendem, que vocês observam, e não quando estão fazendo um bocado de ruído. Para observar as montanhas e as belas árvores, para observar sua família e seus amigos, vocês têm de ter espaço e é preciso que haja silêncio. Mas se estiverem tagarelando, conversando, não terão espaço nem silêncio. E precisamos de espaço, não apenas fisicamente, mas sobretudo psicologicamente. Esse espaço é negado quando estamos pensando sobre nós mesmos. É tão simples. Porque quando há espaço, amplo espaço psicológico, há grande vitalidade. Mas quando esse espaço é limitado ao nosso pequeno eu, essa grande energia está totalmente contida, com suas limitações. Portanto, é por isso que a meditação é o fim do eu.

Podemos ouvir isso interminavelmente; mas, se não fizerem isso, qual é a vantagem de ouvir? Se de fato não estão conscientes de si mesmos, das palavras, dos gestos, do modo de andar de vocês, do modo como comem, do motivo por que bebem e fumam, e de tudo o mais que os seres humanos estiverem fazendo — se não estão conscientes de todas as coisas físicas, como podem ter consciência do que se passa nas profundezas? Quando não estamos conscientes, nos tornamos inferiores, burgueses, medíocres. O significado real da palavra *medíocre* é "subir até a metade do caminho que leva ao alto da montanha", subir só até a metade da montanha sem nunca alcançar o topo. Isso é mediocridade. Ou seja, nunca exigir de nós mesmos a excelência, nunca exigir de nós mesmos a bondade total nem a liberdade completa — não a liberdade de fazer o que gostamos, isso não é liberdade, isso é trivialidade, mas sermos livres de todas as dores da ansiedade, da solidão, do desespero e de todo o resto.

Dessa maneira, para descobrirmos, para chegarmos a isso, ou para vivermos para isso, é preciso haver um grande espaço e silêncio — não o silêncio planejado, não o pensamento dizendo que preciso ficar em silêncio. O silêncio entre dois ruídos. A paz não existe entre duas guerras. O silêncio é algo que vem naturalmente quando vocês estão observando, quando estão observando sem motivo, sem nenhum tipo de exigência, apenas por observar, e ver a beleza de uma única estrela no céu, ou observar uma árvore solitária no campo, ou observar seus maridos ou esposas, ou qualquer coisa que observarem. Observar com um grande silêncio e demoradamente. Então, nessa observação, nesse estado de atenção, há algo que está além das palavras, além de toda medida.

Usamos palavras para medir o imensurável. Desse modo, temos de ter consciência também da rede de palavras, de como as palavras nos enganam, de como as palavras significam tanto:

*comunismo,* para um capitalista, significa algo terrível. As palavras se tornam extraordinariamente importantes. Porém é preciso ter consciência dessas palavras e viver com a palavra *silêncio*, sabendo que a palavra não é o silêncio, mas viver com essa palavra e sentir o peso dessa palavra, o conteúdo dessa palavra, a beleza dessa palavra! Assim, começamos a compreender, quando o pensamento está quieto; a observar que há algo além de toda imaginação, de toda dúvida e busca. E isso existe — ao menos para o orador. Mas o que o orador diz não tem valor para os outros. Se ouvirem, aprenderem, observarem, se forem totalmente livres de todas as ansiedades da vida, haverá uma religião que promoverá uma cultura nova, totalmente diferente. Nós não somos pessoas cultas. Vocês podem ser espertos nos negócios, podem ser tecnologicamente muito capazes, podem ser médicos ou professores, mas ainda somos muito limitados.

O fim do eu, do "ego": ser nada. A palavra *nada* significa "nem uma coisa". Não uma coisa criada pelo pensamento. Ser nada: não ter imagem de si mesmo. Mas nós temos uma porção de imagens de nós mesmos. Não ter nenhum tipo de imagem, nenhuma ilusão, ser absolutamente nada. A árvore não é nada para si mesma. Ela existe. E na sua própria existência é a coisa mais bonita, como aquelas montanhas; elas existem. Elas não se tornam alguma coisa, porque elas não podem. Como a semente de uma macieira; ela é maçã; ela não tenta tornar-se uma pêra, ou outra fruta — ela é. Vocês entendem? Isto é meditação. Este é o fim da busca; e a verdade *é*.

## *Brockwood Park,*
## *4 de Setembro de 1983*

Jamais encaramos a vida como um grande movimento, com grande profundidade, amplidão. Reduzimos nossa vida a uma aventura curta e insignificante. E a vida é realmente a coisa mais sagrada na existência. Matar alguém é um ato terrível de alguém sem religião — bem como ficar zangado, ser violento com alguém.

Jamais encaramos o mundo como um todo porque somos fragmentados. Somos tão terrivelmente limitados, tão insignificantes! E nunca temos esse sentimento de totalidade, no qual as coisas do mar, da terra e do céu, a natureza, o universo fazem parte de nós. Não se trata de imaginar. Se vocês imaginassem que nós somos o universo, acharão que estão malucos! Mas, se vocês acabarem com esse interesse mesquinho, egoísta, e não tiverem nada disso, a partir daí poderão progredir infinitamente.

## *Ojai, 24 de Maio de 1984*

*Questionador*: Como devemos viver nesta terra sem danificar ou destruir sua beleza, sem trazer sofrimento e morte para os outros?

*Krishnamurti*: Vocês já fizeram essa pergunta antes? De verdade? Não teórica, mas verdadeiramente, fizeram essa pergunta, ou a enfrentaram? Não fujam dela, não expliquem que o sofrimento é necessário, e tudo o mais, mas olhem para ela, enfrentem-na. Vocês já fizeram essa pergunta? Não em massa, não para fazer uma demonstração contra algum político que quer destruir o National Park, ou isto ou aquilo. Fazer essa pergunta significa que ela os está incomodando, que se trata de algo tremendamente real, não é apenas uma pergunta fantasiosa para passar o tempo hoje. Viver nesta terra, com sua extraordinária beleza, e não destruí-la; dar um fim à tristeza, e não matar outro ser humano, não matar um ser vivo. Há uma seita hindu cujo meio de transporte é andar; eles não tomam trens nem aviões nem carruagens; e eles usam uma máscara a fim de não matar nenhum inseto com sua respiração. Alguns membros desse grupo vieram ver o orador e andaram oitocentas milhas. E eles não mataram nenhum ser vivo.

E há os que matam: matam por esporte, matam por diversão, matam pelo lucro — toda a indústria de carnes. Esses que aniquilam a terra, que espalham no ar gases venenosos, que poluem as águas e que se envenenam uns aos outros. É isso o que estamos fazendo à terra e a nós mesmos.

Será que podemos viver nesta terra com a sua grande beleza e não trazer sofrimento ou morte aos outros? Esse é um problema muito, muito sério. Viver uma vida sem causar sofrimento ou morte para os outros: isso significa não matar nem um ser humano, e também não matar nenhum animal por esporte, ou para obter alimento. Vocês entendem tudo isso? Este é o problema.

Havia uma classe de pessoas na Índia que jamais comia carne. Elas acreditavam que matar era errado. Eram chamadas, naquela ocasião, de brâmanes. E a civilização ocidental jamais ponderou sobre se matar é correto, se matar algum ser vivo é justificável. O mundo ocidental destruiu raças inteiros. Certo? A América do Norte destruiu os índios, varreu-os da face da terra porque queria a terra deles, e tudo o mais. Assim, será que podemos viver nesta terra sem matar, sem guerra? Posso responder à pergunta, mas, então, que valor terá a resposta para vocês, se estão matando? Eu não estou defendendo o vegetarianismo. (Um autor escreveu há certo tempo: "O vegetarianismo está se espalhando como uma doença infecciosa por este país!") Mas vocês matam um repolho; portanto, onde fica a linha divisória? Vocês fazem disso um problema? Vocês entenderam a minha pergunta?

Se vocês forem contra a guerra, como determinados seres humanos, inclusive eu mesmo, se forem contra a guerra, contra matar outro ser humano por algum motivo, então não podem enviar uma carta! O selo que compram, a comida que obtêm, parte do que pagam vai para o exército, para os armamentos. Se comprarem petróleo (gasolina, neste país) parte do custo vai para o exército, e assim por diante. Então, o que faremos? Se não pagarem os impostos serão presos. Se não comprarem selos ou gasolina, não poderão escrever cartas nem viajar. Desse modo, vocês se recolhem a um canto. E viver num canto parece inútil.

Portanto, o que farão? Dirão: "Não viajarei, não escreverei uma carta"? Tudo isso ajuda a manter o Exército e a Marinha — percebem? — e tudo o que isso produz. Ou a abordagem de vocês é diferente? Por que matamos? As religiões, especialmente o cristianismo, mataram muitas pessoas; eles torturaram pessoas, chamaram-nas de hereges, queimaram-nas. Vocês conhecem essa história. Também os maometanos fizeram isso. Provavelmente, os hindus e os budistas foram os únicos que não mataram — sua religião os proíbe de fazer isso.

Como se pode viver nesta terra sem matar os outros e sem causar sofrimento? Analisar esta questão em profundidade, de fato é algo muitíssimo sério. Há algum aspecto no amor que responda a esta questão? Se vocês amam outro ser humano, estão dispostos a matá-lo? Vocês então deixariam de matar, exceto o que precisam como alimento — os vegetais, as nozes e assim por diante —, mas, a não ser por isso, deixariam de matar? Analisem todas essas questões e vivam de modo coerente, pelo amor de deus; não fiquem apenas falando sobre elas.

O que está dividindo o mundo são os ideais, a ideologia de um grupo contra outro, essa divisão aparentemente duradoura entre homem e mulher, e assim por diante. Tentaram solucionar isso por meio da lógica, da razão, de várias instituições, fundações e organizações, e não tiveram nenhum tipo de sucesso. Este é um fato. O conhecimento tampouco resolveu o problema — o conhecimento no sentido da experiência acumulada e assim por diante. E o pensamento por certo não resolve esse problema.

Isso nos conduz, pois, a uma única questão: descobrir o que é o amor. O amor não é desejo, não é posse, não é uma atividade egoísta, egocêntrica — eu em primeiro lugar, você em segundo! Mas, aparentemente, esse amor não tem sentido para a maioria das pessoas. Podem ter escrito livros sobre ele, mas ele não tem sentido, portanto as pessoas tentaram inventar essa qualidade, esse perfume, esse fogo, essa compaixão. E a compaixão tem sua inteligência, essa é a suprema inteligência. Quando há essa inteligência que nasce da compaixão, do amor, então todos esses problemas são resolvidos de modo simples e tranqüilo. Mas nós nunca analisamos profundamente a questão. Podemos persegui-la intelectualmente, verbalmente, mas se vocês fizerem isso com o coração, com a mente, com sua paixão, a terra continuará bela. E haverá uma grande sensação de beleza em nós mesmos.

## *Do* Diário de Krishnamurti, *4 de Abril de 1975*

Se vocês perderem o contato com a natureza, perderão o contato com a humanidade. Se não houver relacionamento com a natureza, vocês se tornarão assassinos; então matarão filhotes de foca, baleias, golfinhos e homens, quer pelo lucro, quer por "esporte", para obter alimento, ou para ampliar seus conhecimentos. Então, a natureza fica com medo de vocês, e perde a beleza. Vocês podem dar longas caminhadas nos bosques ou acampar em lugares adoráveis, mas são matadores e, portanto, perderam sua amizade. Provavelmente, não se relacionam com coisa nenhuma, nem com suas esposas nem com seus maridos; estão demasiado ocupados, ganhando ou perdendo, com seus pensamentos individuais, seus prazeres e suas dores. Vocês vivem em seu próprio isolamento sombrio, e fugir dele traz mais trevas. O interesse de vocês está numa curta sobrevivência, irrefletidos, despreocupados ou violentos. E milhares de pessoas morrem de fome ou são assassinadas por causa da irresponsabilidade de vocês. Vocês deixam a organização deste mundo para os mentirosos, os políticos corruptos, para os intelectuais, para os especialistas. Pelo fato de vocês não terem integridade, vocês criam uma sociedade imoral, desonesta, uma sociedade baseada no mais completo egoísmo. E vocês se afastam de tudo pelo que vocês são os únicos responsáveis, fogem para as praias, para as bosques levando uma arma por "esporte".

Vocês podem saber de tudo isso, mas o conhecimento não gera a transformação. Quando tiverem este senso da totalidade, vocês terão um forte vínculo com o universo.

## *Rajghat, 12 de Novembro de 1984*

Para ter uma mente religiosa, a primeira exigência é a necessidade da beleza. Não se trata da beleza de uma forma particular — um rosto bonito, um modo bonito de viver e assim por diante. O que é beleza? Sem ela, não há verdade, não há amor; sem beleza não há senso de moralidade. A beleza em si mesma é virtude. Agora, vamos analisar juntos o que é beleza. O orador pode colocá-lo em palavras, mas vocês têm de assumir a responsabilidade de analisar por si mesmos o que a beleza é. Será a beleza uma pintura, as velhas e maravilhosas esculturas dos egípcios, dos gregos, do Mahesha Murthi em Bombaim, e assim por diante? O que é beleza? O que ela significa para vocês? Será o vestido com os belos padrões de um sári, o céu bonito do entardecer ou o céu matutino, a beleza das montanhas, os campos, e os vales, as campinas, e as correntes, a beleza de um pássaro, ou de maravilhosas árvores antigas? Assim sendo, a beleza dependerá de determinada cultura ou de uma tradição particular? Os tecelões da Índia têm uma tradição: eles criam roupas e desenhos maravilhosos. Será isso a beleza? Ou a beleza é algo totalmente diferente? Quando vocês observam grandes montanhas com suas neves eternas e vales profundos, as linhas de uma majestosa e bela montanha em contraste com o azul do céu, quando percebem pela primeira ou pela centésima vez, o que de fato está acontecendo?

O que acontece quando vocês vêem o rio na luz da manhã com o sol acabando de nascer, traçando um caminho dourado sobre as águas? Quando vocês olham para isso, o que acontece? Vocês estão repetindo determinado mantra, ou no momento ficam completamente silenciosos? A beleza daquela luz sobre as águas torna secundários todos os seus problemas, todas as suas ansiedades, anula tudo por alguns segundos ou minutos, ou até mesmo horas — o que significa que não há eu: o eu, a atividade egoísta, concentrada em si mesma, e o interesse pessoal, desaparecem. Tudo isso é banido pela grande beleza da nuvem repleta de luz e de dignidade — nesse momento, o eu está ausente. Assim, a beleza existe quando não há o eu? Não concordem com isso, não digam que sim com a cabeça, nem digam, "Ele está certo, que maravilha!" e depois continuem com seu egoísmo, com a preocupação que sentem apenas com vocês mesmos, nem falem lógica ou teoricamente sobre a beleza. A beleza é algo que temos de perceber, não é algo a ser mantido na mente como uma lembrança. Portanto, beleza é algo mais profundo, muito mais profundo e amplo do que uma simples figura, um desenho, um rosto bonito ou maneiras graciosas. Há beleza apenas quando não há o eu. E essa é a primeira coisa necessária para entender o que é uma mente religiosa.

E, para analisar isso, é preciso que haja um cérebro global, não um cérebro provinciano, sectário e limitado. Ele tem de entender o complexo problema humano. Isto é, uma mente holística, um cérebro que compreenda o todo da existência. Não da sua existência particular, dos seus problemas particulares, porque para onde quer que vocês vão, seja para a América, para a Europa, para a Índia ou para a Ásia, nós, seres humanos, sofremos — nós somos sozinhos, ansiosos, medrosos, buscamos o conforto, somos infelizes, deprimidos, irritados, com algum prazer e alegria ocasionais e assim por diante.

Um cérebro holístico preocupa-se com a humanidade como um todo, porque somos todos semelhantes. E também temos de descobrir por nós mesmos qual é o relacionamento entre a natureza e cada um de nós. Isto faz parte da religião. Vocês podem não concordar, mas considerem a questão, analisem-na. Vocês têm algum vínculo com a natureza, com o pássaro, com as águas daquele rio? Todos os rios são sagrados, mas estão ficando cada vez mais poluídos; podem chamá-los de Ganges, Tâmisa, o Nilo, o Reno, o Mississípi ou o Volga. Qual é o seu vínculo com tudo isso — com as árvores, com os pássaros, com todos os seres vivos a que chamamos natureza? Acaso não fazemos parte de tudo isso? Acaso não somos o ambiente? Fico cogitando se não estarei dizendo tolices, se vocês apenas estão me ouvindo por acaso. Será que isso significa algo para vocês — tudo isso — ou sou um estranho de Marte falando sobre algo com o que vocês não têm nenhuma relação? Será que não significa nada? Depende de vocês.

## *Madras, 29 de Dezembro de 1979*

Estamos tendo uma conversa sobre a natureza da mente e sobre suas extraordinárias capacidades. E, no decorrer de milênios, nós, seres humanos, reduzimos essa capacidade a um campo muito estreito e limitado. Tecnologicamente, essa grande energia mental criou coisas surpreendentes. As pessoas foram à lua, ao fundo do mar, e inventaram as coisas mais diabólicas. Os homens também criaram grandes benefícios, como a cirurgia e como a medicina. Mas esta mesma energia tem sido impedida, limitada, reduzida, e nossa vida é, basicamente, se a observarmos de perto, um campo de luta, um campo de conflito, uma área em que os seres humanos lutam uns contra os outros, destruindo-se; não só destruímos os seres humanos, mas também estamos explorando a terra e o mar. A palavra *explorar* significa usar o outro para proveito próprio. Essa exploração ocorre em todos campos da vida.

E ficamos imaginando por que os seres humanos vivem do modo como estamos vivendo — a guerra, o conflito, a confusão, a infelicidade e a tristeza; o prazer e as alegrias logo se desvanecem. Somos deixados de mãos vazias, ficamos amargurados, cínicos, céticos em relação a tudo; ou nos voltamos para a tradição. Mas, mesmo essa tradição agora está perdendo a sua força, e se vocês observarem com atenção, a mente agora está vivendo não só física, mas muito mais psicologicamente, de comentários, de livros, escrituras, da Bíblia e do Corão. O que acontece a uma mente que vive apenas em função de livros, não apenas nas escolas, nos colégios e nas universidades, mas também na religiosidade? Estou usando a palavra *religioso* no sentido comum do termo. Quando vivemos em função de um livro, vivemos de palavras, de teorias sobre o que os outros disseram. E quando se vive segundo esse modelo, obviamente terá de haver degeneração. Vocês voltam para os livros, como as religiões organizadas estão fazendo, e se valem dessa autoridade — brutal, dogmática, cruel e destrutiva. Vocês vivem em função dos livros, do que outra pessoa disse, que é o que vocês aceitaram — os comentários, os comentários sobre os comentários e assim por diante. E quando defrontam com crises, esta civilização que possivelmente existiu durante três mil anos ou mais entra em colapso. A degeneração acontece, a corrupção em todos os níveis de vida — os gurus hábeis, os políticos, os homens de negócio, o povo religioso —, tudo está entrando em colapso.

Já se perguntou a várias pessoas qual é a causa dessa decadência, dessa degeneração, e elas de fato não souberam responder. Elas lhe dão exemplos da degeneração, mas, embora já se tenha discutido com vários pânditas, eruditos e professores, eles parecem não compreender a origem dessa decadência. Eu não sei se vocês pensaram nisso. Se pensaram no assunto com seriedade, seria verdadeiro dizer que viveram das idéias dos outros, das doutrinas de outras pessoas, das suas crenças? E assim o resultado, aparentemente, é que, quando se vive uma vida de segunda mão — uma vida baseada em palavras, em idéias, em crenças —, a mente, a totalidade da mente, naturalmente definha.

Com a palavra *mente* designo todos os sentidos em atividade e com suas reações neurológicas, todas as emoções, todos os desejos, o conhecimento tecnológico e o cultivo da memória, que é a capacidade de pensar de forma clara ou confusa. Esta mente tem buscado aquela semente que o homem plantou desde o início dos tempos, semente que nunca brotou, a semente da verdadeira religiosidade. Porque, sem esse tipo de religião, não pode haver uma nova civilização, nem uma nova cultura. Deve haver novos sistemas, novas filosofias, novas estruturas sociais; mas haverá os mesmos padrões repetidos para sempre.

Assim sendo, o que faremos? Vocês como seres humanos que vivem nesta terra maravilhosa, com suas montanhas belíssimas e com suas paisagens, mares e rios, não se trata de poesia..., basta olhar para essas coisas — o que podem fazer juntos para vencer? — não criar novos sistemas sociais, novas ordens religiosas; nem novas crenças, ideais e dogmas; nem novos rituais, porque o jogo acabou, e foi repetido inúmeras vezes. Para criar um mundo diferente, se vocês forem sérios, a bondade terá de existir. A palavra *bom* significa ser inteiro, não ser fragmentado; dizer que um ser humano é *bom* significa dizer que não há nele qualquer senso de divisão. Ele é completo em si mesmo, é inteiro, sem nenhum conflito.

Nós estamos analisando juntos o que é a nossa crise presente — não apenas econômica, social, mas a crise em nossa consciência, em nosso próprio ser; não a crise de um novo sistema, não a crise da guerra, etc. Trata-se da crise no âmago da humanidade. E de que maneira essa consciência pode ser transformada?

O que fará vocês mudarem? Uma crise? Uma pancada na cabeça? A tristeza? Lágrimas? Tudo isso já aconteceu, em crises seguidas. Derramamos lágrimas intermináveis e nada parece mudar o homem, porque vocês estão confiando em outra pessoa para fazer o trabalho; estão confiando nos mestres, nos gurus, nos livros, nos professores, no povo inteligente, senhor das novas teorias. Ninguém diz "descobrirei". Embora toda a história da humanidade esteja em nós, nunca lemos nosso próprio livro!

Tudo está lá, mas nunca nos damos ao trabalho, nem temos a paciência e a persistência para investigar. Preferimos viver neste caos, nesta miséria.

Portanto, o que fará vocês mudarem? Por favor, perguntem a si mesmos, mergulhem nessa questão, porque somos vítimas do hábito. A sua casa está queimando, e, ao que parece, vocês não prestam atenção. Assim, se não mudarem, a sociedade continuará como está. E surgem então os espertos, dizendo que a sociedade deve mudar, o que significa uma nova estrutura; e a estrutura se torna mais importante do que o homem, como todas as revoluções mostraram.

Depois de considerar tudo isso, há aprendizado, há o despertar da inteligência, há certo senso de ordem em nossa vida, ou voltaremos à mesma rotina? Se vocês tiverem essa inteligência, essa bondade, esse grande amor, vocês criarão uma nova sociedade maravilhosa, onde todos poderão viver com felicidade. Trata-se da nossa terra, não da terra dos indianos, dos ingleses ou dos russos; é a nossa terra, onde podemos viver felizes, com inteligência, sem oprimir os outros. Portanto, por favor, dediquem-se de corpo e alma a descobrir por que vocês não mudam — mesmo nas pequenas coisas. Por favor, prestem atenção à vida. Vocês têm capacidades extraordinárias. Elas estão à espera de que vocês abram a porta.

# *Do* Diário de Krishnamurti, *24 de Outubro de 1961*

A lua acaba de surgir acima das montanhas, envolvida por uma longa nuvem sinuosa que lhe confere uma forma fantástica. Ela é enorme, fazendo as montanhas, a terra e os pastos parecerem minúsculos; onde ela surge, fica mais claro e há menos nuvens; mas ela logo desaparece atrás de nuvens escuras que prenunciam chuva. Começa a garoar, e a terra fica feliz; não chove muito por aqui e cada gota de água é valiosa. A grande figueira-de-bengala, o tamarindeiro e a mangueira conseguem sobreviver, mas as plantinhas e a colheita de arroz ficam felizes a cada chuvisco. Infelizmente, até mesmo as pequenas gotas cessam, e agora a lua brilha clara no céu sem nuvens. Está chovendo forte na costa, mas aqui, onde a chuva é necessária, as nuvens carregadas se afastaram. A noite está bonita, e há muitas sombras escuras de várias formas. A luz é muito brilhante, as sombras estão tranqüilas e as folhas, lavadas e limpas, estão cintilando. Caminhando e conversando, a meditação continua sob as palavras e a beleza da noite. Ela continua em grande profundidade, fluindo para fora e para dentro; ela está explodindo e se expandindo. Estamos conscientes dela; ela está acontecendo, não a estamos experimentando; experiências são limitadoras; a meditação está acontecendo. Não há participação: o pensamento não pode usufruí-la, pois o pensamento, seja como for, é algo demasiado fútil e automático; a emoção também não pode envolver-se com ela — ela é ativa demais para o pensamento e a emoção. Tudo ocorre numa profundeza desconhecida, para a qual não há medida. Mas existe uma grande tranqüilidade. É surpreendente e nem um pouco comum.

As folhas escuras estão brilhando e a lua se ergueu mais no céu: ela segue rumo ao Ocidente e inunda o aposento de luz. A aurora ainda está longe, faltam várias horas para o amanhecer e não há ruído; até mesmo o latido dos cães da vila cessou. Ele está ali, em vigília; o estranho está ali e é necessário acordar, não dormir. Ficar consciente do que está acontecendo é intencional, ter consciência plena do que está acontecendo.

Adormecido, isso pode ser um sonho; uma sugestão do inconsciente, um truque do cérebro; mas, totalmente desperto, essa estranha e desconhecida diversidade é uma realidade palpável, um fato e não uma ilusão, um sonho. Ela tem uma qualidade — se se pode usar esta palavra no caso — de ausência de peso e uma força impenetrável. Novamente, essas palavras têm certa importância, definida e comunicável, mas essas palavras perdem todo o seu significado quando a diversidade tem de ser expressa em palavras; palavras são símbolos, mas nenhum símbolo poderá expressar a realidade. Ela está aí com tal força incorruptível que nada poderá destruí-la, pois é inabordável. Vocês podem se aproximar de algo com que estão familiarizados; vocês têm de ter a mesma linguagem para se comunicar, algum tipo de processo de pensamento, verbal e não-verbal; acima de tudo, tem de haver reconhecimento mútuo. Não há nenhum. Do seu lado, vocês até podem dizer que se trata disto ou daquilo, desta ou daquela qualidade, mas no momento do acontecimento não há verbalização, pois o cérebro está quieto, sem nenhum movimento do pensamento. Mas a diversidade não tem vínculo com coisa nenhuma e todo pensamento é um processo de causa e efeito; assim, não há entendimento nem relacionamento. É uma chama inacessível, e vocês só podem olhar para ela mantendo-se a distância. E durante a vigília, de repente, ela surge. E com ela vem um inesperado êxtase, uma alegria irracional; não há motivo para ela e ela nunca foi procurada nem perseguida. Semelhante êxtase há na vigília, e novamente no horário habitual; ela está aí e continua por um período mais longo de tempo.

## 25 de outubro

Há uma erva de caule longo que cresce selvagemente no jardim, e há uma floração dourada mas um pouco fosca, balançando ao vento, curvando-se até quase quebrar, embora nunca se quebre, exceto talvez sob um vento forte. Há um grande número dessas ervas de cor bege-dourada, e quando a brisa sopra elas começam a dançar, cada ramo em seu próprio ritmo, em seu próprio esplendor; e elas são como uma onda quando todas se movimentam em conjunto. Então sua cor, com a luz do entardecer, é indescritível: é a cor do pôr-do-sol, da terra, das montanhas douradas e das nuvens. As flores ao seu lado são definidas demais, cruas demais, exigindo que olhemos para elas. Essas ervas têm uma delicadeza estranha: elas têm um leve aroma de trigo e de tempos antigos; são fortes e puras, são repletas de vida abundante. Uma nuvem vespertina está passando, cheia de luz, quando o sol se esconde por trás da montanha escura. A chuva dá à terra certo cheiro dourado e o ar está agradavelmente frio. As chuvas estão chegando e há esperança para o país.

De repente, acontece: ao voltar ao aposento, esse odor está lá com um abraço de boas-vindas, tão inesperado. Entramos, mas logo teremos de sair; estávamos falando sobre alguns fatos, nada de muito sério. É um choque e uma surpresa encontrar essa diversidade dando as boas-vindas no quarto; está esperando ali com um convite tão franco, que um pedido de desculpas parece inútil. Algumas vezes, no Wilbledom Common [ele se lembra de Londres, onde ficara numa casa em Wimbledon em maio], bem distante daqui, embaixo de algumas árvores ao longo de um caminho por onde seguiam muitas pessoas, ela estava esperando numa curva do caminho; surpresos, ficamos em pé ali, perto daquelas árvores, completamente absortos, vulneráveis, sem fala, sem fazer um só movimento. Não era uma fantasia, uma ilusão; e outra pessoa que por acaso estivesse ali também a sentiria. Em algumas ocasiões ela chega, com as boas-vindas do amor abrangente e é quase inacreditável. Cada vez apresenta um aspecto novo, uma nova beleza, uma nova austeridade. É assim neste aposento, algo totalmente novo e completamente inesperado.

Trata-se da beleza que deixa a mente tranqüila e o corpo imóvel: ela deixa a mente, o cérebro e o corpo intensamente alertas e sensíveis; faz o corpo tremer e, em alguns minutos, essa diversidade complacente se vai, tão rapidamente como chegou. Nenhum pensamento ou emoção fantasiosa podem conjurar este acontecimento. O pensamento é insignificante, e o sentimento é frágil e decepcionante; nenhum deles, por muito que façam, pode se dar conta destes acontecimentos. Eles são imensuravelmente grandes, imensos em sua força e pureza de pensamento ou sentimento; eles têm e não têm raízes. Não devem ser convidados a ficar, nem retidos: pensamento e sentimento podem fazer qualquer tipo de truque esperto e fantástico, mas não podem inventar ou conter a diversidade. Ela existe por si mesma e nada pode tocá-la.

## 28 de outubro

Entre as folhas verde-escuro, há uma flor vermelha; da varanda você pode vê-la. Há as montanhas, a areia vermelha do leito dos rios, a grande figueira-de-bengala, e vários tamarindeiros; no entanto, só se vê essa flor vermelha. Ela é muito vistosa, colorida. Não há outra cor: as manchas do céu azul, as nuvens cintilantes de luz, as montanhas cor de violeta, o rico verde dos campos de arroz, tudo isso desaparece e resta apenas o maravilhoso matiz daquela flor. Ela enche todo o céu e o vale: murchará e morrerá, fenecerá e as montanhas sobreviverão. Mas esta manhã ela é a eternidade, ela está além do tempo e do pensamento; ela retém todo o amor e a alegria; não há sentimento e absurdos românticos nela; nem ela é um símbolo qualquer. É ela mesma, destinada a morrer ao entardecer, embora contenha toda a vida. Não é algo sobre o que se raciocine, nem algo irracional, alguma fantasia romântica: ela é tão real quanto aquelas montanhas e aquelas vozes chamando umas às outras. É a completa meditação da vida, e a ilusão só existe quando cessa o impacto desse fato. Essa nuvem tão cheia de luz é uma realidade cuja beleza não tem um impacto forte na mente que ela tornou obtusa e insensível por influência, hábito, e a duradoura busca pela segurança. A segurança da fama, do relacionamento, do conhecimento acaba com a sensibilidade e dá início à deterioração. Essa flor, aquelas montanhas e o mar azul agitado são um desafio, como as bombas nucleares são uma ameaça à vida, e só uma mente sensível pode responder totalmente a eles; só uma resposta íntegra não deixa marcas de conflito, e o conflito indica uma resposta parcial.

Os assim chamados santos e saniasins contribuíram para a obtusidade da mente e para a destruição da sensibilidade. Todo hábito, repetição, ritual fortalecido pela crença e pelo dogma, pela resposta sensorial pode ser aprimorado, mas a consciência alerta, a sensibilidade é outro assunto. A sensibilidade é essencial para nos interiorizarmos profundamente. Este movimento de nos voltarmos para dentro não é uma reação ao que está fora; o exterior e o interior são um mesmo movimento — não estão separados. A divisão deste movimento em exterior e interior alimenta a insensibilidade. O fluxo natural do exterior é voltar para o interior, e o movimento do interior tem sua própria ação expressa no exterior, embora não se trate de uma reação ao exterior. Sensibilidade é a consciência do todo deste movimento.

31 de outubro

É uma bela noite: o ar é puro, as montanhas são azuis, violeta e marrons; há abundância de água nos arrozais e eles variam de um verde vivo até um verde-claro, chegando a um verde-escuro metálico cintilante; algumas árvores já se confundiram com a noite, escuras e silenciosas; outras ainda se deixam ver e retêm a luz do dia. As nuvens são escuras acima das montanhas ocidentais, e, para o norte e para o leste, as nuvens refletem o sol do entardecer, que se pôs por trás das pesadas montanhas purpurinas. Não há ninguém na estrada, os poucos que passam estão em silêncio e não se vêem brechas no céu azul, as nuvens estão se juntando para a noite. No entanto, tudo parece estar desperto, as rochas, o leito seco do rio, os arbustos na luz que se esvai. A meditação, nesta estrada tranqüila e deserta, chega como uma chuva suave sobre as montanhas: ela é fácil e natural, tão fácil e natural quanto a noite que chega. Não há nenhum tipo de esforço e não há controle sobre a concentração; não há ordem nem objetivo, não há negação nem aceitação, não há nenhuma continuidade de lembrança na meditação. O cérebro está consciente de seu ambiente, mas tranqüilo, sem resposta, sem ser influenciado, reconhecendo sem reagir. Ele está muito tranqüilo e as palavras se esvaem com o pensamento. Há essa energia estranha — chamem-na do que quiserem, isso não tem importância — é profundamente ativa, sem objetivo nem propósito; é criação sem tela ou mármore, e é destrutiva; não é algo do cérebro humano, de expressão e de decadência. Não é abordável, algo a ser classificado e analisado; e o pensamento e o sentimento não são os instrumentos para compreendê-la. Está inteiramente desvinculada de tudo e totalmente só em sua amplidão e imensidão. E andar ao longo dessa estrada escura enseja o êxtase do impossível, não o êxtase da conquista, da chegada, do sucesso e de todas as exigências e respostas imaturas, mas a solidão do impossível. O possível é mecânico e o impossível pode ser visado, testado e talvez conquistado, o que, por sua vez, se torna mecânico. Mas o êxtase não tem causa, não tem razão. Ele simplesmente existe, não como uma experiência, mas como um fato, não para ser aceito ou negado, discutido ou analisado. Mas se trata de algo a se buscar, pois não há caminho para alcançá-lo. Para ele existir tudo tem de morrer; a morte, a destruição são o amor.

Um trabalhador pobre, esgotado, vestido de andrajos imundos está voltando para casa com a sua vaca esquelética.

## 7 de novembro

As nuvens se adensam, todas as montanhas estão cobertas pelas nuvens e estas se acumulam em todas as direções. Ameaça chover e não há nenhuma nesga clara no céu azul. O sol deu lugar à escuridão e as árvores estão inertes e distantes. Uma velha palmeira se destaca em constraste com o céu que escurece, e ela retém toda a luz. O leito dos rios está tranqüilo, a areia vermelha está úmida, mas não há nenhuma canção; os pássaros silenciaram, abrigando-se entre as folhas grossas. Sopra uma brisa nordeste e com ela chegam mais nuvens negras e uma lufada de chuva, embora ela ainda não tenha começado a cair de verdade; isso acontecerá depois, com fúria cada vez maior. E a estrada à minha frente está vazia; é vermelha, de solo irregular e arenoso, cercada pelas montanhas escuras. É uma estrada agradável, quase não há carros, e os aldeães com seus carros de boi vão de uma cidade para outra. Os aldeães estão sujos, são esqueléticos, e têm o estômago fundo, mas são fortes e resistentes; vivem assim por séculos e nenhum governo irá mudar a situação da noite para o dia. Mas essas pessoas sorriem, apesar de seus olhos serem tristes. Podem dançar depois de um dia de trabalho pesado, e há vida neles, não estão desesperançadamente abatidos. Não têm havido boas chuvas no país há muitos anos, e este pode ser um dos anos afortunados que lhes pode trazer mais alimento e pastagens para seu gado magro. E a estrada continua e se junta na embocadura do vale, com a estrada principal, onde trafegam alguns ônibus e carros. E nessa estrada, bem ao longe, ficam as cidades com suas indústrias, suas mansões, seus templos e mentes obtusas. Mas aqui, na estrada ao ar livre, há solidão e muitas montanhas repletas de idade e de indiferença.

Andando pela estrada há um completo vazio no cérebro, e a mente está livre de toda experiência, do conhecimento de ontem, embora haja milhares de ontens. O tempo, essa criação do pensamento, parou literalmente, não há movimento anterior nem posterior; não há chegadas nem partidas, nem estagnação. Não há espaço e distância: há as montanhas e os arbustos, mas eles não são tão elevados nem tão baixos. Não há vínculo com coisa nenhuma, mas há consciência da ponte e da pessoa que passa. A totalidade da mente, na qual fica o cérebro com seus pensamentos e sentimentos, está vazia; e porque está vazia, há energia, uma energia cada vez mais profunda e ampla, imensurável. Qualquer comparação depende do pensamento e, portanto, do tempo.

A diversidade é a mente sem o tempo; é o hálito da inocência e da imensidão. As palavras não são a realidade; elas só são meios de comunicação, contudo, não são a inocência e o imensurável. O vazio está só.

# *Fontes e Agradecimentos*

Extraído do *Registro Verbatim* de oito palestras públicas em Poona, 17 de outubro de 1948, em *Collected Works of J. Krishnamurti,* copyright © 1991 Krishnamurti Foundation of America.

Extraído do *Registro Verbatim* da primeira palestra pública em Nova Delhi, 14 de novembro de 1948, em *Collected Works of J. Krishnamurti,* copyright © 1991 Krishnamurti Foundation of America.

Extraído de *From Darkness to Light,* copyright © 1980. K. & R. Foundation.

Extraído de *Krishnamurti's Journal*, 6 de Abril de 1975, copyright © 1982 Krishnamurti Foundation Trust, Ltd.

Extraído do Registro Verbatim da segunda palestra pública em Nova Delhi, 28 de novembro de 1948, em *Collected Works of J. Krishnamurti*, copyright © 1991 Krishnamurti Foundation of America.

Extraído do *Registro Verbatim* da segunda palestra pública em Varanasi, 22 de novembro de 1964, em *Collected Works of J. Krishnamurti*, copyright © 1991 Krishnamurti Foundation of America.

Extraído do *Registro Verbatim* da quinta palestra pública em Varanasi, 28 de novembro de 1964, em *Collected Works of J. Krishnamurti,* copyright © 1991. Krishnamurti Foundation of America.

Extraído de *Commentaries on Living, Second Series*, copyright © 1958 Krishnamurti Writings, Inc.

Extraído de *The First and the Last Freedom*, capítulo 3, copyright © 1954 Krishnamurti Writings, Inc.

Extraído de *Freedom from the Known*, capítulo 11, copyright © 1969 Krishnamurti Foundation.

Extraído de *Letters to the Schools Volume 2*, 15 de novembro de 1983, copyright © 1985 Krishnamurti Foundation Trust, Ltd.

Extraído de *Letters to the Schools Volume 2*, 15 de novembro de 1983, copyright © 1985 Krishnamurti Foundation Trust, Ltd.

Extraído de *Talks in Europe 1968*, 25 de abril de 1968, copyright © 1969 The Krishnamurti Foundation London.

Extraído de *Talks in Europe 1968*, 22 de maio de 1968, copyright © 1969 The Krishnamurti Foundation London.

Extraído de *Krishnamurti to Himself*, 26 de abril de 1983, copyright © 1987 Krishnamurti Foundation Trust, Ltd.

Transcrição da fita gravada do segundo diálogo público em Brockwood Park, 10 de setembro de 1970, copyright © 1991 Krishnamurti Foundation Trust, Ltd.

Transcrição da fita gravada da primeira palestra pública em Saanen, 13 de julho de 1975, copyright © 1991 Krishnamurti Foundation Trust, Ltd.

Extraído de *Krishnamurti to Himself*, 25 de fevereiro de 1983, copyright © Krishnamurti Foundation Trust, Ltd.

Transcrição da fita gravada do segundo encontro público de perguntas e respostas em Brockwood Park, 4 de setembro de 1980, copyright © 1991 Krishnamurti Foundation Trust, Ltd.

Transcrição da fita gravada do segundo encontro público de perguntas e respostas em Madras, 6 de janeiro de 1981, copyright © 1981/1991 Krishnamurti Foundation Trust, Ltd.

Transcrição da fita gravada do primeiro encontro público de perguntas e respostas em Saanen, 29 de julho de 1981, copyright © 1991 Krishnamurti Foundation Trust, Ltd.

Extraído de *From Darkness to Light: The Song of Life*, copyright © 1980 K. & R. Foundation.

Extraído de *Krishnamurti to Himself*, 6 de maio de 1983, copyright © 1987 Krishnamurti Foundation Trust, Ltd.

Transcrição da fita gravada da segunda palestra pública em Madras, 27 de dezembro de 1981, copyright © 1991 Krishnamurti Foundation Trust, Ltd.

Transcrição da fita gravada da segunda palestra pública em Bombaim, 24 de janeiro de 1982, copyright © 1991 Krishnamurti Foundation Trust, Ltd.

Transcrição da fita gravada da primeira palestra pública em Ojai, 1º de maio de 1982, copyright © 1991 Krishnamurti Foundation Trust, Ltd.

Transcrição da fita gravada da segunda palestra pública em Madras, 26 de dezembro de 1982, copyright © 1991 Krishnamurti Foundation Trust, Ltd.

Transcrição da fita gravada da quarta palestra pública em Ojai, 22 de maio de 1983, copyright © 1991 Krishnamurti Foundation Trust, Ltd.

Transcrição da fita gravada da quarta palestra pública em Brockwood Park, 4 de setembro de 1983, copyright © 1991 Krishnamurti Foundation Trust, Ltd.

Transcrição da fita gravada do primeiro encontro de perguntas e respostas em Ojai, 24 de maio de 1984, copyright © 1991 Krishnamurti Foundation Trust, Ltd.

Extraído de *Krishnamurti Journal*, 4 de abril de 1975, copyright © 1982 Krishnamurti Foundation Trust, Ltd.

Transcrição da fita gravada da segunda palestra pública em Rajghat, 12 de novembro de 1984, copyright © 1991 Krishnamurti Foundation Trust, Ltd.

Transcrição da fita gravada na terceira palestra pública em Madras, 29 de dezembro de 1979, copyright © 1991 Krishnamurti Foundation Trust, Ltd.

Extraído de *Krishnamurti's Notebook*, outubro de 1961, copyright © 1976 Krishnamurti Foundation Trust, Ltd.

# SOBRE CONFLITOS

*J. Krishnamurti*

**"Krishnamurti é um mestre religioso da mais alta distinção, que é ouvido com proveito e aquiescência pelos membros de todas as igrejas e seitas."**

**GEORGE BERNARD SHAW**

Em 1992, Krishnamurti perguntou: "Por que existe essa divisão entre os homens, entre as raças, esse antagonismo de cultura contra cultura, essa série de ideologias que se digladiam? Por que existe essa separação?"

*Sobre Conflitos* oferece as mais profundas reflexões de Krishnamurti com relação à natureza do conflito humano. Estes ensinamentos vitais mostram como a origem dos conflitos globais e da violência está na confusão e no tumulto individual. Talvez fiquemos surpresos ao descobrir a verdade daquilo que já sabemos: que a "atividade interior dita a nossa atividade exterior".

Krishnamurti sugere que, para que possamos nos libertar do conflito e da contradição, e dessa forma acabar com a violência no mundo, precisamos enfrentar nossos conflitos interiores, compreendê-los e superá-los.

* * *

J. Krishnamurti (1895-1986) é um professor espiritual de renome mundial cujas palestras e escritos inspiram milhares de pessoas. Nesta nova série, publicada pela Editora Cultrix, estão incluídos os seguintes títulos:

*Sobre Deus • Sobre relacionamentos • Sobre a vida e a morte • Sobre o viver correto • Sobre conflitos • Sobre a aprendizagem e o conhecimento • Sobre o amor e a solidão • Sobre a mente e o pensamento • Sobre a natureza e o meio ambiente.*

EDITORA CULTRIX

# SOBRE A MENTE E O PENSAMENTO

*J. Krishnamurti*

"Krishnamurti é um conceituado mestre espiritual, respeitado e aceito pelos membros de todas as igrejas e seitas."

GEORGE BERNARD SHAW

"Só quando a mente está completamente tranqüila é possível tocar as águas profundas"— diz Krishnamurti.

Tomando por base a diferença entre o pensamento condicionado e o verdadeiro pensamento criativo, este livro do mestre indiano analisa o que ele chama de "aquele amplo espaço da mente que é a sede de uma energia imaginável".

De acordo com esses ensinamentos, tão essenciais para a compreensão da natureza humana, só quando fugimos do pensamento condicionado é que conquistamos de fato a liberdade e alcançamos a realização pessoal; e só por meio da mudança da consciência individual será possível resolver os conflitos que criam empecilhos no relacionamento entre as pessoas e perturbam o funcionamento harmonioso da sociedade em geral.

* * *

J. Krishnamurti (1895-1986) foi um renomado mestre espiritual. Suas palestras e escritos continuam inspirando milhares de pessoas.

Nesta nova série publicada pela Editora Cultrix, estão incluídos os seguintes títulos:

*Sobre Deus • Sobre relacionamentos • Sobre a vida e a morte • Sobre o viver correto • Sobre conflitos • Sobre a aprendizagem e o conhecimento • Sobre o amor e a solidão • Sobre a mente e o pensamento • Sobre a natureza e o meio ambiente.*

EDITORA CULTRIX

# SOBRE A NATUREZA E O MEIO AMBIENTE

*J. Krishnamurti*

**"Nos livros e nas palestras gravadas de Krishnamurti o leitor encontrará uma exposição clara e atual acerca do problema humano fundamental, junto com um convite para resolvê-lo do único modo pelo qual ele pode ser resolvido: pelo próprio homem em benefício da humanidade."**

**ALDOUS HUXLEY**

Em 1948, Krishnamurti já dizia: "Pelo fato de não amarmos a Terra e seus produtos, mas apenas fazer uso deles, perdemos o contato com a vida... Perdemos o sentimento de ternura, essa sensibilidade, essa reação positiva diante das coisas impregnadas de beleza. Somente com o reavivamento dessa sensibilidade é que poderemos entender o que é um verdadeiro relacionamento."

Este é um dos mais interessantes volumes da série de escritos de Krishnamurti que vem sendo publicada pela Editora Cultrix. Aqui o mestre internacionalmente conhecido explica eloqüentemente como "o verdadeiro relacionamento" só passa a existir quando descobrimos como o nosso mundo interior de pensamentos e emoções está inextricavelmente ligado ao mundo exterior da humanidade, ao meio ambiente.

* * *

J. Krishnamurti (1895-1986) é autor de muitos livros, incluindo *Liberte-se do Passado*, *A Primeira e Última Liberdade*, *O Futuro é Agora* e outros. Nesta nova série, publicada pela Editora Cultrix, estão incluídos os seguintes títulos:

*Sobre Deus • Sobre relacionamentos • Sobre a vida e a morte • Sobre o viver correto • Sobre conflitos • Sobre a aprendizagem e o conhecimento • Sobre o amor e a solidão • Sobre a mente e o pensamento • Sobre a natureza e o meio ambiente.*

EDITORA CULTRIX

ISBN 85-316-0551-2

Ezéchiel Saad

# I CHING

## O Oráculo Chinês

# Mito e História

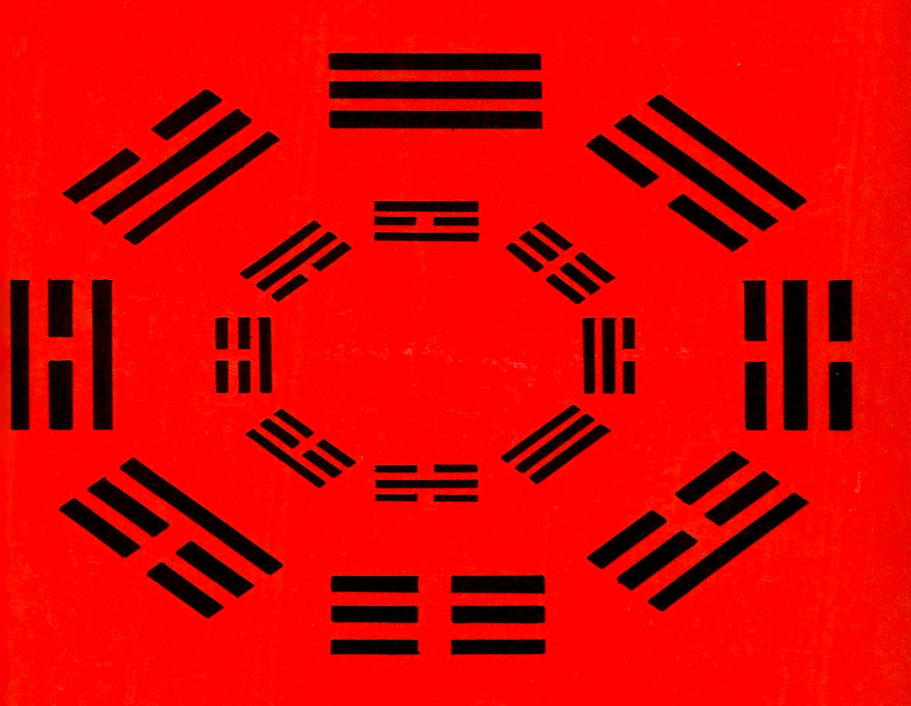

Pensamento